ESSAI
SUR
LES FORMES A PRIORI
DE LA SENSIBILITÉ

PAR

CHARLES DUNAN

Agrégé de Philosophie, Professeur de Philosophie au Collège Stanislas

Docteur ès-lettres

Ἔστιν ἡ νόησις νοήσεως νόησις.

PARIS

ANCIENNE LIBRAIRIE GERMER BAILLIÈRE ET Cⁱᵉ

FÉLIX ALCAN, ÉDITEUR

108, BOULEVARD SAINT-GERMAIN, 108

1884

Tous droits réservés.

ESSAI

SUR LES FORMES A PRIORI

DE LA SENSIBILITÉ

NANTES, IMPRIMERIE VINCENT FOREST ET ÉMILE GRIMAUD

Place du Commerce, 4.

ESSAI
SUR LES FORMES A PRIORI
DE LA SENSIBILITÉ

CHAPITRE PREMIER

Position du problème. — Deux questions distinctes que Kant a négligé de traiter séparément : 1º Le temps et l'espace sont-ils de pures données de la représentation sans réalité objective ? 2º Le temps et l'espace sont-ils des *formes à priori* de la sensibilité, ou seulement des caractères universels de nos représentations, dont le principe serait dans une forme antérieure et plus fondamentale de l'activité de l'esprit constituant l'expérience ?

Dès le début du grand ouvrage dans lequel il entreprend de faire la critique de la connaissance humaine, Kant distingue avec soin dans l'expérience en général deux parties : d'abord les intuitions particulières qu'il attribue à une faculté qu'il nomme la *Sensibilité* ; puis l'ordre de ces intuitions qui sont par elles-mêmes isolées et sans lien, et qui peuvent bien fournir une matière à la connaissance, mais qui ne sont pas la connaissance même ; et il donne le nom d'*Entendement* à la faculté qui coordonne les données de la sensibilité, introduit l'ordre dans la multiplicité des intuitions éparses et constitue la connaissance.

La distinction de la sensibilité et de l'entendement a une raison d'être profonde. Du reste, elle est beaucoup plus ancienne que le Kantisme, puisqu'on la trouve déjà nettement accusée chez Aristote, quoique un peu autrement présentée. Ce qui est certain, c'est qu'elle s'impose à tout esprit non prévenu ; et nous ne pensons pas que l'immense majorité des philosophes hésite à y reconnaître la base nécessaire de toute recherche ultérieure sur les questions qui font l'objet de la *Critique de la Raison pure*.

Le but que nous nous proposons dans ce travail, c'est surtout d'étudier à la suite de Kant et d'une manière spéciale le problème de la sensibilité, de faire la critique des solutions auxquelles s'est arrêté l'illustre auteur de l'*Esthétique transcendantale*, et, dans le cas où ces solutions ne nous paraîtraient pas entièrement satisfaisantes, de rechercher s'il n'en existerait point d'autres qui pussent leur être substituées avec avantage.

On sait quelle est relativement à la sensibilité la théorie de Kant. Tous les phénomènes du sens extérieur nous sont donnés avec le caractère de l'étendue. Tous ceux du sens intérieur nous sont donnés avec le caractère de la durée. Kant conclut de là que le temps et l'espace sont pour nous des *intuitions pures*, des *représentations à priori*, dans lesquelles nous faisons entrer nécessairement les matériaux de la connaissance sensible pour les ordonner et en constituer les phénomènes : de sorte que le temps et l'espace doivent être considérés suivant lui comme des *formes à priori* de la sensibilité.

Sans discuter pied à pied les quatre arguments par lesquels Kant a pensé démontrer sa doctrine relativement à l'espace d'abord, puis relativement au temps, nous suivrons la voie que nous estimons être la meilleure et la plus courte pour arriver à une solution satisfaisante de la question. Pour cela, nous nous conformerons à l'excellent précepte de Descartes : *Diviser les difficultés,...* etc.

Au premier effort de l'analyse, on découvre sans peine que la proposition qui exprime la doctrine de Kant sur les lois de la sensibilité implique et résume deux propositions différentes, que Kant a peut-être eu le tort de ne pas distinguer suffisamment, et de vouloir démontrer du même coup.

La première, c'est que le caractère qu'ont les choses d'exister dans l'espace et dans le temps leur vient de l'esprit qui les pense, et non pas d'elles-mêmes, indépendamment de l'esprit. Il y a là évidemment un point important à établir, et c'est du reste à quoi tendent la plupart des arguments dont s'est servi Kant pour démontrer sa théorie. Mais ce premier point établi, tout n'est pas dit, et il n'est pas prouvé encore que le temps et l'espace soient les *formes a priori* de la sensibilité. Il se pourrait, en effet, que l'esprit constituant l'expérience suivant une forme *a priori* autre que le temps et l'espace, donnât aux phénomènes les caractères de la durée et de l'étendue. Dans ce cas, le temps et l'espace seraient, non point sans doute des choses en soi existant indépendamment de l'esprit qui les pense, mais ce ne seraient pas non plus des intuitions pures et *a priori,* des formes essentielles de la sensibilité. Ce seraient simplement des choses de l'ordre phénoménal, connues de l'esprit *a posteriori,* et pourtant universelles et nécessaires, comme résultant de l'application à la matière des phénomènes d'une forme universelle et nécessaire. Il y a là évidemment un problème qu'il faut résoudre, et Kant a eu tort, à notre avis, de négliger cette seconde partie de la question qu'il envisageait, et de la confondre plus ou moins complètement avec la première, dont elle diffère d'une manière essentielle.

La théorie de la sensibilité comportera donc pour nous l'étude des deux questions suivantes :

1° Le temps et l'espace existent-ils ou non absolument et en soi ?

2° Le temps et l'espace, en supposant qu'ils n'aient point d'existence absolue, sont-ils ou ne sont-ils pas des formes que l'esprit impose *a priori* aux phénomènes, et d'après lesquelles il constitue sa propre connaissance ?

Il est certainement des personnes à qui la discussion du premier point paraîtra inutile et oiseuse, la question pouvant être considérée comme résolue depuis longtemps dans le sens de la non-objectivité du temps et de l'espace. Cependant, nous ferons observer que cette solution, que du reste nous adoptons pleinement, n'a pas obtenu, tant s'en faut, l'adhésion unanime des philosophes, même depuis Kant ; que par conséquent la question doit être considérée comme toujours ouverte, et que dès lors il y aurait à nous grande imprudence à prendre pour accordé ce que contestent tant de personnes habiles. Aussi nous efforcerons-nous d'établir le plus solidement qu'il nous sera possible ce que nous croyons être la vérité sur ce point.

CHAPITRE II

La doctrine de la relativité du temps et de l'espace dans l'histoire. — Les Eléates, Platon, les Alexandrins. — Leibnitz. — Berkeley, Hume et Kant — La véritable méthode à suivre pour établir cette doctrine, c'est de prouver que l'hypothèse d'un temps et d'un espace existant indépendamment de la représentation implique des contradictions.

La doctrine d'après laquelle le temps et l'espace n'auraient point de réalité absolue n'est pas moins ancienne que la doctrine contraire. Elle fut professée par un grand nombre de philosophes de l'antiquité. On la trouve chez les Eléates, chez Platon et aussi chez Aristote, et plus tard dans l'école néoplatonicienne d'Alexandrie. La pensée commune dont s'inspirèrent dans cette question les différentes écoles philosophiques que nous venons de nommer, c'est que l'espace et le temps étant essentiellement multiples ne peuvent être des attributs de l'être absolu, et doivent être considérés comme tenant du non-être beaucoup plus que de l'être, au même titre que tout ce qui est multiple et soumis à la loi du changement. Sans doute, il y avait là une solution au problème, mais une solution bien incomplète. Dans la pensée des Eléates, de Platon et de leurs successeurs, le temps et l'espace n'avaient point à la vérité d'existence absolue ; mais pourtant ils devaient posséder autant de réalité que l'homme et que toutes les choses contingentes. Or que pouvaient réclamer de plus leurs partisans les plus convaincus, sauf peut-être Démocrite, Epicure et tous les atomistes qui étaient engagés à les affirmer absolus et nécessaires ? En les niant comme attributs de l'Etre, il s'en fallait donc qu'on leur refusât toute réalité. Puis, cette solution était loin d'être définitive, puisque aucune des écoles dont nous avons parlé ne possédait une doctrine arrêtée sur la nature du non-être et sur le degré de réalité du monde et de ses phénomènes.

Après les Alexandrins, il faut arriver jusqu'à Leibnitz pour rencontrer des vues nouvelles sur la question qui nous occupe, et une discussion vraiment sérieuse de la réalité objective du temps et de l'espace.

Les scolastiques avaient considéré en général l'étendue comme un attribut universel des substances corporelles. Cette solution qui était celle d'un prétendu sens commun ne satisfit pas Descartes. Qu'étaient en soi les substances en question ? On n'en pouvait rien dire, et ce n'était pas vraiment déterminer leur nature que de leur prêter, à titre de qualités occultes, des pouvoirs spéciaux en vertu desquels elles étaient supposées produire les phénomènes que nous voyons. La substance des choses, c'est ce qu'il y a en elles d'invariable et d'immuable ; or l'étendue est la seule qualité des corps qui ne puisse ni changer ni disparaître : elle est par là-même en quelque sorte le support de toutes les autres qualités, et doit être par conséquent, suivant Descartes, la substance même des corps.

La question en était là, lorsque Leibnitz à son tour vint soutenir que l'étendue n'est pas plus la substance des corps qu'elle n'est un attribut de cette substance. Les arguments par lesquels il combattit la doctrine de Descartes sont nombreux et bien connus : il nous suffira d'en rappeler sommairement les principaux.

1° Deux portions d'étendue de même grandeur et de même figure seraient indiscernables : or il ne peut exister d'indiscernables dans la nature.

2° Si la substance des corps se réduisait à la pure étendue, le mouvement serait impossible, et les lois du mouvement seraient inexplicables.

3° Vouloir composer les corps avec l'étendue,

c'est vouloir faire quelque chose de rien. Une étendue quelconque, par le seul fait qu'elle est composée de parties plus petites, n'est qu'un être de raison, à peu près comme un tas de pierres, une armée ou la Compagnie des Indes. Il y a toutefois cette différence considérable, qu'une armée et la Compagnie des Indes sont des agrégats composés d'unités véritables, les soldats et les officiers d'une part, les agents de la Compagnie de l'autre, et par conséquent ont une certaine réalité, au moins dans leurs éléments. Au contraire, l'étendue étant indéfiniment divisible, est un agrégat dont l'élément ultime n'existe pas : c'est un nombre sans unités, un composé sans composants, et par conséquent l'étendue ne saurait être une chose réelle.

Ce dernier argument surtout est frappant, et montre excellemment que l'étendue ne saurait être ni la substance, ni même un simple attribut de la substance des corps. Et pourtant il est certain que la brillante et célèbre discussion que Leibnitz soutint contre les cartésiens, et aussi contre Newton et Clarke, n'eut pas pour résultat de rallier à son opinion l'unanimité des philosophes de son temps ni des temps qui ont suivi. Il y a là quelque chose qui peut surprendre au premier abord. Il semble, en effet, que la succession des âges, mortelle à l'erreur, doive affermir et consolider de plus en plus la vérité dans l'esprit des hommes, et qu'en toutes choses, la raison doive finir par avoir raison. Quelles sont donc les causes pour lesquelles la doctrine de Leibnitz n'a pas obtenu un triomphe définitif ? On en peut assigner deux principales. La première avec laquelle, malheureusement, il faudra compter toujours, c'est la tendance naturelle qu'ont tous les hommes à considérer le témoignage immédiat des sens comme supépieur à toute critique ; c'est le prétendu sens commun reproduisant sans se lasser jamais l'*argumentum baculinum,* et soutenant qu'il faut bien que l'espace soit, puisqu'*on le voit* et qu'*on le touche.* La seconde cause est d'ordre moins général : c'est la façon dont Leibnitz lui-même entendait la nature de l'espace. Il fallait bien en effet que ce philosophe, après avoir combattu l'erreur vulgaire et détruit la solution du sens commun, présentât la sienne. Or c'est ce que le plus souvent il faisait de telle sorte, que l'erreur chassée et détruite dans la partie critique et réfutative de sa thèse, se trouvait rétablie et réintroduite par lui-même dans la partie dogmatique et affirmative. C'est ainsi que, dans la plupart de ses écrits [1], il considère les corps

---

1. Voir en particulier à ce point de vue la correspondance avec Clarke et la *Monadologie.*

comme des agrégats de monades en nombre infini. L'espace est alors défini par lui « *l'ordre des situations* [des différentes monades], *ou un ordre suivant lequel les situations sont rangées* [1] ; » ce qui implique clairement qu'en dehors même de l'espace dont nous avons la révélation par nos sens, les monades ont une *situation* ; et, comme il est impossible de comprendre la situation, sinon comme une relation ou plutôt comme un ensemble de relations dans l'espace, il est évident que la théorie impliquait un espace avant l'espace. Et, remarquons-le bien, cet espace logiquement antérieur à l'espace sensible, devait être nécessairement considéré comme réel, puisque les situations qu'il rendait réelles étaient elles-mêmes réelles et absolues.

Sans doute cette doctrine contradictoire et dont les incohérences sautent aux yeux ne doit pas être considérée comme le dernier mot de Leibnitz sur la nature de l'espace. C'était simplement, dans sa pensée, un premier point de vue pouvant servir pour une explication provisoire et superficielle des choses. En réalité, les monades ne se touchent point, ne s'agglomèrent point pour former les corps [2]. Bien que

---

1. Correspondance de Leibnitz et de Clarke. Cinquième écrit de Leibnitz.
2. Leibnitz écrivait au P. Desbosses : « Monades esse

Leibnitz ne se soit jamais prononcé nettement sur ce point, on peut croire, sans grande témérité à notre avis, que sa doctrine véritable et définitive était un idéalisme assez voisin de celui de Kant. Il est vraisemblable que, dans sa pensée, ces monades supérieures qui sont nos âmes devant non seulement exprimer à leur point de vue, mais se représenter plus ou moins distinctement toutes les autres monades de l'univers, se les représentaient sous la forme de phénomènes ayant le caractère de l'étendue, bien que, en réalité, rien ne fût plus hétérogène que la nature de l'étendue et celle des monades. Telle était, croyons-nous [1], la véritable doctrine de Leibnitz ; et dès lors il n'y avait plus ombre de contradiction entre les deux parties de cette doctrine ; mais il faut avouer qu'il n'en était pas ainsi pour l'apparence, et l'on ne doit pas être surpris qu'une conception dont le côté exotérique et apparent présentait de telles incohérences, le côté sérieux et défini-

---

partes corporum, tangere sese, componere corpora, non magis dici debet quam hoc de punctis et animabus dicere licet. » Lettre XVIII, p. 680. Ed. Erdmann. Et ailleurs : « Nulla est monadum propinquitas aut distantia spatialis vel absoluta, dicereque esse in puncto conglobatas, aut in spatio disseminatas, est quibusdam fictionibus animi nostri uti. » Lettre XX.

1. M. Henri Lachelier dans la préface d'une édition qu'il a donnée de la *Monadologie* (Hachette, 1881), soutient la même opinion.

tif demeurant dans l'ombre, n'ait pas pu obtenir un assentiment qu'il fallait arracher en quelque sorte de vive force, par la puissance de la logique et la rigueur de la déduction.

Quoi qu'il en soit du succès obtenu par Leibnitz dans sa tentative pour prouver que l'espace et aussi le temps ne sont rien d'absolu, il faut reconnaître que sa méthode consistant à montrer qu'une telle hypothèse contient des contradictions, était véritablement la bonne. Berkeley, Hume et Kant pensèrent atteindre au même résultat en nous enfermant dans le domaine de la connaissance subjective, et en montrant que, quoi que nous fassions, nous ne pouvons jamais sortir de nous-mêmes et de notre pensée ; mais il ne semble pas qu'ils y soient arrivés si directement ni d'une manière aussi sûre. C'est que, tant que l'on n'a pas prouvé que la réalité objective du temps et de l'espace implique contradiction, il faut bien admettre que cette réalité est au moins possible. Dès lors, on aura beau faire valoir que le temps et l'espace appartiennent à l'ordre phénoménal et sont donnés dans la représentation, ce que personne du reste, à ce qu'il semble, n'est disposé à contester, on se trouvera toujours en présence de l'hypothèse d'après laquelle le temps et l'espace existeraient tout à la fois en soi et dans la pensée. Que cette hypothèse soit antiscientifique et antiphilosophique, nous en conviendrons sans peine : elle existe pourtant, et le réalisme vulgaire si répandu encore dans le public philosophique, et surtout en France, n'entend pas la chose autrement. A coup sûr, la première et la principale chose, c'est d'avoir raison pour soi et absolument ; mais pourtant, avoir raison pour les autres, et réussir à les convaincre, n'est pas un résultat qu'il soit permis de dédaigner non plus ; et il est à tout le moins légitime et méritoire d'y prétendre. Avec tous les efforts de leur dialectique puissante, Berkeley, Hume et Kant n'ont pas réussi à imposer à tout esprit versé dans l'étude des questions philosophiques le principe de la relativité de la connaissance ; et cela, parce que, pour ce qui regarde le temps et l'espace en particulier, ils se heurtaient à des préjugés obstinés d'un prétendu sens commun pour qui le point de vue auquel ils se plaçaient demeurait en quelque sorte inaccessible. Au contraire, en prouvant que l'existence absolue du temps et de l'espace implique contradiction, on détruit définitivement l'hypothèse réaliste qui les considère comme existant en soi, et l'on établit victorieusement que ce sont de pures données de la représentation.

Du reste, de nos jours, les philosophes qui tiennent à démontrer la subjectivité pure des notions de temps et d'espace semblent disposés à entrer dans cette voie. Dans l'école néo-criticiste française principalement, le représentant le plus éminent de cette école, M. Renouvier, se souvenant des antiques arguments de Zénon d'Elée contre le mouvement, arguments assez décriés en général et traités de sophistiques par la plupart des philosophes, pensa que la méthode de Zénon était peut-être la meilleure que l'on pût adopter, et entreprit de mettre en lumière les contradictions dans lesquelles on tombe, quand on veut considérer le temps et l'espace comme réels, indépendamment de la représentation.

Nous suivrons la même voie, et, considérant le temps et l'espace à l'unique point de vue de la continuité, nous produirons plusieurs arguments pour prouver que, par cela même qu'ils sont des continus, le temps et l'espace ne peuvent sans contradiction être supposés existant en soi et indépendamment de la représentation.

CHAPITRE III

Nous établirons par quatre arguments différents qu'un continu quelconque, temps ou espace, ne peut exister en dehors de la représentation. — 1º Parce que tout continu est indéfiniment divisible. — 2º Parce que sa réalité objective impliquerait un nombre infini réel de parties. — 3º Parce qu'il serait nécessairement composé, s'il existait en soi, et que, d'autre part, l'analyse et la synthèse en seraient également impossibles. — 4º Parce que, lorsque un objet continu nous apparaît sous telle grandeur, nous ne pouvons jamais lui attribuer, ni cette grandeur, ni même aucune grandeur, comme lui appartenant d'une manière absolue : de sorte que l'objet en soi ne peut avoir aucune grandeur.

Nous venons de dire que nous allons étudier le temps et l'espace au point de vue exclusif de la continuité ; mais, tout d'abord, une question se pose d'elle-même : le temps et l'espace sont-ils véritablement des continus ?

Ici une confusion est à craindre, et nous devons faire remarquer que le temps et l'espace dont il s'agit pour nous, c'est uniquement le temps et l'espace tels qu'ils sont donnés dans la représentation. Que d'ailleurs des penseurs d'un grand mérite aient cru devoir affirmer l'existence d'un espace objectif discontinu, produisant dans la représentation l'illusion de la continuité ; que d'autres aient cru à l'existence d'une représentation en quelque sorte infraconsciente et discontinue dans la durée, se traduisant dans la conscience immédiate par le sentiment de la continuité, nous n'avons pas pour le moment à nous occuper de ces doctrines. Il s'agit pour nous du temps et de l'espace tels que nous nous les représentons. Or il est incontestable que le temps et l'espace ainsi entendus sont continus.

Pour l'espace, une remarque suffira, c'est que le calcul différentiel implique expressément cette continuité, comme l'a très bien montré M. Renouvier.

Pour ce qui concerne le temps, on voit aisément qu'il ne peut y avoir d'hiatus dans la conscience, et par conséquent de discontinuité dans la durée, par la simple raison que de tels hiatus, s'ils existaient, seraient nécessairement vides de pensée, et par là-même n'existeraient point pour nous, puisque ce qui est totalement étranger à la pensée n'a pour nous absolument aucune existence.

A la vérité, M. Ribot, dans un important article sur *La durée des actes psychiques*[1], conclut d'ex-

---

1. *Revue Philosophique.* Mars 1876.

périences faites en Allemagne et rapportées par lui, que la conscience est en fait discontinue : « Dans ces expériences, dit M. Ribot, les excitations se produisent de telle façon qu'entre elles, il n'y a *objectivement* aucun intervalle. Et cependant, *subjectivement*, nous sentons très clairement qu'il y a un petit intervalle, pendant lequel aucune des deux excitations n'est perçue nettement. Ainsi, tandis qu'il y a continuité entre les causes de nos perceptions, il y a discontinuité dans les effets. Ce caractère de *discontinuité* que présente le cours de nos états internes vient, comme le fait remarquer M. Wundt, de la nature de l'aperception. Notre attention a besoin d'un certain temps pour passer d'une impression à une autre. Tant que la première dure, tout notre effort tend vers elle ; l'attention n'est pas prédisposée à saisir la seconde au moment où elle apparaît. Il y a donc un certain instant durant lequel l'attention diminue pour la première, et augmente pour la seconde : c'est cet instant qui nous paraît vide et indéterminé. Etant données deux impressions qui en réalité sont simultanées ou séparées par un très court intervalle, il n'y a pour nous que trois manières possibles de les percevoir : simultanéité, continuité, discontinuité. Si nous les percevons comme simultanées, alors elles sont pour nous des parties intégrantes d'un même tout : elles constituent un objet. Sinon, nous les percevons *toujours* comme discontinuées sous la forme discrète du temps ; et cette forme, comme on le voit, a sa source dans la nature même de l'acte de l'aperception. Le continu, pour nous, ne peut venir que des variations d'intensité d'une seule et même représentation, jamais de la juxtaposition de deux états. »

Nous acceptons pleinement ces observations. Oui, sans doute, lorsque deux impressions se succèdent en nous, « il est un certain instant durant lequel l'attention diminue pour la première et augmente pour la seconde : c'est cet instant qui nous paraît vide et indéterminé. » Mais faut-il conclure de là à *l'atomisme intellectuel,* à la composition d'un état de conscience donné par une série d'états instantanés séparés entre eux par les intervalles ? Il ne le semble pas, ou plutôt, il semble tout le contraire ; car, s'il y a discontinuité entre deux impressions différentes, une même impression est expressément supposée continue. Or nous ne demandons rien de plus : la conscience que nous avons de nous-même est continue, et le serait-elle seulement pendant un laps de temps très court, que cela nous suffirait. Puis, voyez quelle est la nature de cette discontinuité dont parle

M. Ribot. Entre deux impressions successives et différentes, il est un état moyen qui ne répond plus à la première impression, et ne répond pas encore à la seconde. Cet état qui a une certaine durée, constitue une sorte d'hiatus entre les deux autres qui sont nettement définis. La conscience, dans cet intervalle, subsiste-t-elle ou non ? Si elle ne subsiste pas, il ne faut pas dire que la conscience soit intermittente ; car, pour le sujet conscient, le dernier instant du premier état et le premier instant du second état coïncident ; et, si l'observateur constate un intervalle réel, c'est qu'il constitue lui-même par sa conscience en quelque sorte un temps objectif, un temps extérieur par rapport au sujet observé. Pour ce dernier, la continuité de la conscience a été parfaite. Si au contraire on admet que la conscience subsiste pendant l'intervalle, il ne faut plus considérer cet intervalle comme un hiatus véritable. C'est un état vague, mal défini, ce n'est nullement une solution de continuité entre deux instants consécutifs du sentiment que le sujet a de lui-même.

Donc, en résumé, sans rien préjuger sur la nature ou sur la réalité du temps en soi, sans méconnaître même qu'il puisse exister pour la conscience de l'un, et s'il est permis de parler ainsi, *dans le temps subjectif de l'un,* des intervalles en la conscience de l'autre, il est certain que toute la série de nos états psychiques est présente à chacun de nous comme continue, et par là-même, nous croyons être en droit de traiter comme continu le temps tel qu'il est donné dans la représentation.

Ceci posé, nous allons passer en revue différentes objections que l'on peut formuler contre l'hypothèse de la réalité objective d'un continu quelconque et particulièrement du temps et de l'espace.

1° Tout continu est indéfiniment divisible, en vertu de sa définition même ; c'est-à-dire qu'on y peut déterminer un nombre de parties homogènes au tout plus grand que tout nombre donné. Rien ne serait plus aisé à démontrer que cette proposition s'il en était besoin. La $n^{ième}$ partie d'un temps ou d'une longueur quelconque est toujours un temps ou une longueur réelle, quel que soit n.

Quand nous disons : la suite des nombres est *indéfinie,* la vitesse d'un mouvement peut augmenter *indéfiniment,* que signifient ces expressions, sinon que, quelque grand que soit un nombre, il est toujours possible d'en concevoir un plus grand, et que, si rapide que soit un mouvement, on peut toujours en imaginer un plus rapide ? Ainsi, le terme *indéfini* exprime simplement une possibilité inépuisable de concevoir ou d'imaginer. Et qu'y a-t-il là qui ne soit parfaitement naturel et légitime ? Si l'esprit est incapable de concevoir ou d'imaginer un infini quelconque de grandeur ou de vitesse, il est bien certain du moins que la puissance qu'il possède de reculer par l'imagination les bornes du fini n'a point de limites. L'esprit est donc en quelque sorte dans son droit en affirmant qu'aucune représentation donnée ne borne sa puissance de concevoir ou d'imaginer, et il n'est point étonnant qu'il ait eu besoin d'un mot tel que celui d'*indéfini* pour exprimer cet illimitation de son pouvoir.

Il est assez clair d'après cela que le terme d'indéfini n'a et ne peut avoir qu'un sens purement subjectif. Il exprime l'affirmation portée par l'esprit en présence d'un objet donné, d'une puissance de concevoir au delà de cet objet ; et cet objet au delà devenant à son tour un objet présent par la représentation que nous nous en faisons, nous affirmons encore notre pouvoir de concevoir au delà, et ainsi de suite ; sans que jamais aucun des termes ainsi conçus nous apparaisse comme terminant nécessairement la série, et arrêtant le mouvement possible de la pensée. Qu'y a-t-il donc de commun entre le premier objet réel et concret, et la série des objets suivants ; ou, pour parler plus exactement, entre ce premier objet et le pouvoir qu'a l'esprit d'en imaginer d'autres ? Il est donc manifeste que le terme d'indéfini n'a de sens que par rapport au sujet, et que vouloir l'appliquer à l'objet extérieur, faire de l'*indéfinité* un attribut de la chose en soi, c'est ne pas s'entendre avec soi-même. Du reste, il est une chose qui met à nu pleinement la confusion que l'on commet en voulant transporter à l'objet ce qui appartient en propre au sujet ; c'est la contradiction qui s'introduit alors dans le concept. En effet, l'*indéfinité* — qu'on nous pardonne le néologisme — est, comme nous l'avons dit, une possibilité inépuisable ; et il faut de deux choses l'une, ou bien que l'objet ne réalise qu'en partie cette possibilité inépuisable, et alors on ne peut plus dire que cette possibilité inépuisable est au nombre des prédicats de l'objet ; ou bien, au contraire, que l'objet réalise complètement, et par conséquent épuise cette possibilité prétendue inépuisable. Dans les deux cas, la contradiction est évidente.

Ainsi, il faut bien distinguer. Que nous concevions l'indéfinité hors des êtres, c'est-à-dire comme une série sans fin de possibilités dont chacune individuellement peut être réalisée, quoique la série entière ne puisse l'être, l'esprit d'ailleurs n'étant jamais arrêté dans son pouvoir d'imaginer des termes nouveaux de la série, cela est acceptable et juste ; parce que l'esprit toujours limité en acte est véritablement infini en puissance. Mais, que nous croyions voir dans un objet une possibilité inépuisable actuelle, constituant l'un des prédicats de cet objet, le constituant essentiellement ou accidentellement c'est être victime d'une illusion pure. Or un continu quelconque, temps ou espace, s'il était réel, posséderait un pareil prédicat, puisque, par essence, le continu est indéfiniment divisible. Que le temps et l'espace soient donnés dans la représentation, et que, comme tels, ils portent dans leur caractère d'indéfinie divisibilité la marque du pouvoir inépuisable de concevoir que possède l'esprit, il n'y a rien là qui doive surprendre. Mais que le temps et l'espace soient objectivement, et qu'à ce titre ils fondent hors de nous une possibilité effective de diviser sans fin, c'est une chose inconcevable et contradictoire.

Si, comme nous venons de le voir, l'indéfinie divisibilité n'a de sens que par rapport à la représentation, et ne peut être un attribut des choses en soi, il en est de même de la divisibilité en général. La raison en est que la divisibilité ne se conçoit que dans le continu. Sans doute, il nous arrive souvent de diviser des composés discrets, par exemple de partager un tas de pierres en plusieurs tas plus petits. Mais il n'y a pas là, à proprement parler, de division : il y a seulement une manière nouvelle dont l'esprit embrasse son objet. Toutes les pierres étaient pensées par moi dans un acte unique de l'esprit ; maintenant je les pense dans plusieurs actes : ce n'est pas là diviser le tas primitif. La division en était toute faite d'elle-même, puisque toutes les pierres du tas sont individuellement distinctes. Diviser, c'est partager un tout en parties, ce n'est pas décomposer ou recomposer autrement des assemblages d'éléments semblables, et leur donner un groupement nouveau. Or il est évident que quiconque opère sur des quantités discrètes ne peut que modifier leur groupement ; aussi le mot *diviser* n'a-t-il de sens que par rapport aux grandeurs continues, en tant qu'elles sont continues. Mais alors la propriété qu'ont ces quantités de pouvoir être divisées n'a point de terme ni de limite, comme il a été dit plus haut ; c'est-à-dire que leur divisibilité est indéfinie, et toute divisibilité vraie ne peut être conçue indépendamment de ce caractère de l'*indéfinité*. Ainsi, la chose en soi ne peut être continue, parce que, si elle l'était, il faudrait qu'elle fût indéfiniment divisible, ce qui est contradictoire ; elle ne peut pas même être divisible en aucune façon, parce qu'alors il faudrait qu'elle fût divisible indéfiniment. La divisibilité est donc une notion applicable aux données de la représentation, mais qui n'a aucun sens en dehors de là, et qui, par conséquent, ne peut être considérée comme une propriété des choses en soi.

2° Si l'on considère le continu, temps ou espace, uniquement par rapport à la représentation, son concept se suffit à lui-même, et il est inutile de rechercher de quels éléments il est formé. Le concept d'un tas de pierres n'est pas formé de la réunion de cent concepts correspondant chacun à l'une des pierres du tas. Le concept d'une grandeur continue, un mètre par exemple, n'est pas formé par l'ensemble d'un nombre plus ou moins grand de concepts élémentaires. Donc, dans la représentation, nous n'avons pas à nous préoccuper de la composition de la quantité continue. Si nous voulons objectiver la représentation et considérer la quantité continue comme existant en soi, c'est autre chose. La quantité continue supposée objectivement réelle est divisible ; par conséquent elle est composée, et alors nous avons à nous demander quels sont ses éléments composants. Or, comme la divisibilité du continu est indéfinie, il faut nécessairement que les éléments composants constituent un *nombre infini réel*, ce qui est contradictoire. Nous ne nous attacherons pas à démontrer la contradiction que renferme le concept d'un nombre infini réel ; c'est un point qui a été mis bien des fois en lumière, et particulièrement en ces derniers temps, par M. Renouvier, avec une autorité et une précision telles qu'il semble inutile d'y revenir. Cependant il s'est produit à ce sujet une objection dont nous avons à tenir compte.

On admet bien que le nombre infini réalisé soit contradictoire, mais ce que l'on conteste, c'est l'application qu'après M. Renouvier, nous faisons de l'argument à un continu dont les extrémités sont données, c'est-à-dire à un continu limité ; et voici la raison que l'on allègue. Soit un continu limité d'une grandeur déterminée, une ligne droite d'un mètre de longueur par exemple. Pour pouvoir dire que dans ce mètre il y a un nombre infini réel de parties composantes, il faudrait commencer par déterminer une unité qui y fût comprise un nombre infini réel de fois. Or, si vous déterminez ainsi l'unité dont la répétition forme la ligne totale, il est certain que cette unité est comprise dans la ligne totale un nombre de fois limité, et pas du tout un nombre infini. Si au contraire vous ne déterminez pas cette unité, il n'y a plus de nombre fini ou infini, parce qu'une unité indéterminée n'est pas une unité véritable, et par conséquent ne peut servir à constituer un nombre. Cette thèse a quelque rapport avec ce que dit Leibnitz dans sa *Monadologie*, que les Monades, pour être en nombre plus grand que tout nombre assignable dans une parcelle de matière, n'y sont pas pour cela en nombre infini, attendu que l'on ne peut nombrer que ce qui est numérable, que les monades ne le sont point, et que dès lors on ne peut dire qu'elles soient en nombre fini ou en nombre infini. Nous répondrons à cette objection après avoir donné notre troisième argument contre l'objectivité des continus.

3° La réalité objective des continus impliquerait, comme nous venons de le voir, un nombre infini réel d'éléments composants ; mais nous sommes encore en droit de considérer ces éléments en eux-mêmes indépendamment de leur nombre, et de nous demander ce qu'ils sont et ce qu'ils valent en tant qu'éléments composants. Le caractère essentiel que doit posséder un élément pour être véritablement composant, c'est d'être indécomposable et par conséquent indivisible. D'autre part, l'analyse réelle ou mentale doit conduire à la détermination de cet élément ; et aussi la synthèse opérée au moyen de ce même élément doit permettre de reconstituer le tout complexe. Que le continu considéré comme objectivement réel soit composé, c'est chose évidente, puisqu'il est divisible : l'analyse du continu doit donc nous conduire à en reconnaître l'élément composant. Or le seul procédé d'analyse que l'on puisse concevoir comme applicable à un continu, l'espace par exemple, c'est la division ; mais la division, ainsi que nous l'avons vu, n'aboutit jamais qu'à la détermination de continus de plus en plus petits et toujours divisibles. Ainsi le concept du continu considéré comme réel implique la proposition suivante qui est contradictoire : le continu est un composé tel, qu'en y appliquant la seule forme possible de l'analyse, on n'arriverait jamais au composant ; ou encore, ce qui revient absolument au même : l'élément composant du continu est tel, qu'il ne peut être donné par l'analyse ; de sorte que l'analyse du continu doit être considérée comme impossible, bien que le continu soit multiple et composé. Tant que la continuité est supposée n'être qu'une donnée de la représentation, cette difficulté ne se présente même pas. Au contraire, elle surgit immédiatement lorsque nous considérons la continuité comme pouvant être un attribut des choses en soi, et par là même elle condamne une pareille hypothèse.

Si l'analyse du continu est impossible, la synthèse ne l'est pas moins ; car il est manifeste que l'on ne peut composer un continu quelconque, sinon avec des parties qui soient elles-mêmes continues, et qui par conséquent ne ne puissent être prises pour des éléments véritables. Par exemple, on ne reconstituerait pas une étendue donnée avec des éléments inétendus, en quelque nombre qu'on les prît. De même que la décomposition d'un continu ne peut donner que des continus, de même la recomposition d'un continu ne peut se faire qu'au moyen de continus. Ce sont là des vérités palpables, pour ainsi dire, et d'où il résulte nettement qu'un continu ne peut avoir d'existence objective, parce qu'il faudrait alors qu'il fût effectivement composé. et que la composition effective en est impossible et contradictoire.

Les observations qui précèdent nous permettent maintenant de répondre à l'objection indiquée plus haut, et relative au nombre infini réel des parties que devra comprendre un continu limité.

On disait : pour trouver dans le continu un nombre infini de parties, comment déterminez-vous l'unité dont la répétition forme ce nombre infini ? On partait donc d'un continu qu'on supposait constitué d'avance, et, raisonnant au point de vue de l'analyse, on montrait qu'il n'y a pas lieu d'y considérer soit un nombre fini, soit un nombre infini d'éléments ; et l'on avait raison sans doute, puisque, comme nous venons de le voir, l'analyse ne peut aboutir à la détermination des éléments véritables. Mais il est manifeste que c'est là mal comprendre la portée de l'argument auquel on prétend répondre. Cet argument est donné au point de vue de la synthèse, et la question n'est pas de savoir si le continu une fois constitué aura un nombre fini ou un nombre infini de parties, mais bien de dire comment il pourrait se constituer. Or les éléments dont il se constituerait étant indivisibles devraient être nécessairement en nombre infini ; parce que, s'ils étaient en nombre fini, on pourrait obtenir par la division un nombre de parties continues et divisibles supérieur au nombre des éléments indivisibles en question, ce qui est absurde.

En résumé, l'objection que nous signalons serait juste si la question se posait ainsi : combien y a-t-il d'éléments dans un continu donné ?

Elle ne l'est pas, parce que le vrai sens de la question est celui-ci : combien faut-il d'éléments pour constituer ce continu ?

Le principe fondamental de l'erreur que nous combattons, c'est que l'on confond sans s'en douter le continu représentatif avec le continu objectif. Il est certain que, dans le continu représentatif, il n'y a pas lieu de considérer soit un nombre fini, soit un nombre infini d'éléments, pas plus qu'il n'y a lieu de se demander si l'analyse conduira à l'élément véritable, et si la synthèse pourra s'opérer au moyen de ce même élément. La raison en est simple : c'est que le continu représentatif est à lui-même son élément : il est donné dans l'esprit immédiatement et indépendamment de toute analyse et de toute synthèse. Mais la question change de face si l'on considère le continu comme objectif. Dans ce cas, la composion a dû être affective, la décomposition par analyse doit apparaître comme possible, et c'est alors que surgissent les contradictions que nous avons signalées.

De toute cette discussion il résulte que, si l'espace existait absolument et en soi, il serait imparcourable, ce qui constitue une nouvelle absurdité à la charge de cette hypothèse. En d'autres termes, le mouvement est impossible autrement que comme donnée de la représentation : comme réalité absolue il est contradictoire. C'est la fameuse thèse de Zénon d'Elée, ou du moins c'en est une partie. On peut rattacher à volonté cette thèse comme corollaire à l'un quelconque des trois arguments que nous venons d'exposer, et la démontrer par là-même.

Nous suivons pour le montrer l'ordre inverse de celui que nous avons adopté dans notre exposition.

a L'espace est imparcourable, parce qu'il ne peut être composé, et que le parcourir, c'est le composer en quelque manière.

b Il est imparcourable encore, parce que, pour en passer une partie, il faudrait épuiser un nombre infini réel de ses divisions, ce qui est impossible.

c Il est imparcourable enfin, parce que, pour aller d'un point à un autre de l'espace, un mobile doit d'abord franchir la moitié de la distance qui sépare ces deux points ; mais, avant d'atteindre ainsi au point milieu, il faut qu'il commence par franchir la moitié de cette moitié ; et ainsi de suite sans fin, en raison de l'indéfinie divisibilité de l'espace. Et si l'on objectait que la nécessité d'atteindre le point milieu *avant* le point extrême ne saurait être invoquée, parce que le temps lui-même est indéfiniment divisible, et qu'aux portions de plus en plus petites de l'espace que l'on considère à partir du point initial, correspondent des divisions de plus en plus petites du temps, pendant lesquelles les divisions de l'espace pourront être parcourues ; nous serions en droit de répondre que le raisonnement est tout à fait indépendant de la considération du temps ; que *l'antériorité* dont il est ici question est une antériorité logique, et pas du tout chronologique, et qu'enfin, comme on l'a fait remarquer déjà bien des fois, la question relative à l'espace pourrait être reproduite par rapport au temps, que l'impossibilité du mouvement est égale dans le temps et dans l'espace, et qu'il ne faut pas vouloir remédier à l'absurdité de l'une par l'absurdité toute semblable de l'autre.

4° Le continu est donné dans la représentation comme une grandeur, et, si l'objet ne dépasse pas certaines proportions, cette grandeur paraît absolue. Tel est le cas d'un livre par exemple. Si, au contraire, les dimensions sont trop grandes pour que l'objet puisse être embrassé d'un coup d'œil unique, nous le divisons par la pensée en portions plus petites, qui soient données dans la représentation comme des grandeurs absolues, et qui puissent servir d'unités pour l'évaluation de la grandeur de l'objet tout entier. Ainsi les continus ont, quant à la représentation, une grandeur absolue. Mais il s'élève bientôt des difficultés, si l'on considère la représentation d'une grandeur dans son rapport avec cette grandeur supposée objectivement réelle ; et aussi si l'on considère cette grandeur en elle-même, indépendamment de ses rapports avec la représentation que nous en avons.

Pour plus de simplicité, nous nous attacherons uniquement à l'espace, et nous essaierons de prouver les deux propositions suivantes : 1° la perception ne nous permet jamais d'attribuer à l'objet, comme grandeur absolue, telle grandeur déterminée ; 2° l'objet absolument parlant et en soi n'a aucune grandeur.

Soit un objet quelconque ne dépassant pas certaines dimensions qui pour nous sont des dimensions moyennes. Si je le regarde avec telle lunette, il m'apparaîtra très grand ; avec telle autre lunette, il m'apparaîtra très petit. Quelle est donc sa grandeur véritable ? C'est, dira-t-on, celle sous laquelle il apparaît quand on le regarde à l'œil nu. Mais cette grandeur est différente suivant que l'objet est vu de près ou de loin ; et si, de loin, on lui attribue la même grandeur que de près, c'est un phénomène d'association d'idées ; mais, si l'on fait abstraction de cette cause perturbatrice de la perception primitive et naturelle, il est certain que l'objet est vu d'autant plus petit qu'on en est plus éloigné.

A quelle distance faut-il donc être pour qu'un objet apparaisse sous sa véritable grandeur ? Sans doute, il est une distance déterminable expérimentalement à laquelle correspond le maximum de netteté dans la vision. Mais d'abord, de quel droit soutiendrait-on que la vraie grandeur de l'objet est précisément celle sous laquelle nous le percevons quand la netteté de la perception est la plus grande possible ? Puis, cette distance à laquelle correspond le maximum de netteté est variable, autre pour un myope, autre pour un presbyte. Comme, d'autre part, la grandeur sous laquelle nous apparaît l'objet en perception naturelle dépend uniquement de l'angle formé par les rayons visuels passant par ses extrémités, lequel angle à son tour ne dépend que de la distance ; il est certain qu'un myope considérant un objet à la distance où la netteté de la vision est pour lui maximun, voit cet objet plus gros, tandis qu'un presbyte, dans les mêmes conditions, le voit moins gros. Ainsi, en supposant qu'un objet extérieur donné ait une grandeur réelle et absolue, la perception visuelle de cette grandeur est nécessairement fonction, comme disent les géomètres, à la fois de cette grandeur et de la distance qui nous sépare de l'objet, distance qui jamais ne peut être nulle.

Sans doute on objectera que, si nous ne pouvons pas percevoir par le sens de la vue la grandeur réelle et absolue des objets, nous devons le pouvoir par le sens du toucher. Sans discuter à fond ce point, ce qui nous entraînerait trop loin, nous nous contenterons de faire remarquer que, pour les voyants, l'étendue d'un corps est toujours donnée dans une représentation visuelle, jamais dans une représentation tactile, et que, par conséquent, c'est une erreur de croire que le toucher puisse redresser là-dessus les erreurs de la vue.

Il résulte de là qu'attribuer à un corps telle grandeur, d'après les données de sa représentation, et vouloir que cette grandeur soit précisément sa grandeur absolue, c'est être victime d'une illusion pure.

On peut confirmer encore et très simplement ce résultat, en considérant la perception que nous avons des objets très grands ou des objets très petits. Est-ce que la grandeur vraie du soleil est quelque chose, soit pour nos sens, soit pour notre imagination ? De même pour la grandeur vraie d'un microsima ou d'une bactérie. L'expérience prouve donc bien qu'il est des grandeurs totalement inappréciables au sens de la vue ; et cela s'explique aisément, si la grandeur attribuée par nous à un objet a sa raison dernière dans les conditions de la représentation. On conçoit très bien que l'esprit, pour pouvoir se représenter les choses, se donne à lui-même une certaine unité de grandeur qui lui servira d'étalon, et à laquelle il ramènera toutes ses représentations. La mémoire joue ici un rôle essentiel. L'esprit, suivant les cas, divise ou multiplie la grandeur type qui lui sert d'unité, grandeur variable d'ailleurs, et qui sera choisie plus petite ou plus grande en raison des circonstances, mais grandeur variable dans des limites qui, en réalité, sont assez étroites. Tant que la mémoire permet de suivre la multiplication de la grandeur qui sert d'unité, de telle sorte que la pensée embrasse à la fois la totalité des facteurs, l'objet plus grand que l'unité demeure représentable. De même, tant que la mémoire permet de suivre la division, de telle sorte que le rapport de la partie au tout ne soit pas perdu de vue, l'objet plus petit que l'unité demeure représentable pour le sens ou pour l'imagination. D'après cela, si le soleil et la bactérie ne peuvent être ni l'un ni l'autre perçus ou imaginés en vraie grandeur, c'est qu'ils épuisent et dépassent tous deux le pouvoir qu'a l'esprit de suivre par la mémoire la multiplication ou la division prolongée de l'unité. On voit que les faits signalés s'expliquent aisément, si la représentation de l'objet sous telle grandeur a sa raison d'être dans les lois de l'esprit. Au contraire, si la représentation des grandeurs continues a sa condition déterminante dans l'objet lui-même, on ne comprend plus pourquoi certains objets sont représentables en vraie grandeur, et d'autres ne le sont pas. Si les choses hors de nous sont effectivement étendues, et si leur extension peut entrer dans la représentation, elle y doit entrer à tous les degrés, parce que, nécessairement, elle y entre indépendamment de son degré.

Si la grandeur sous laquelle nous apparaissent les corps ne peut en aucun cas être leur grandeur véritable; si, comme nous croyons l'avoir démontré, la grandeur attribuée par nous à un objet représenté tient essentiellement aux conditions subjectives dans lesquelles la représentation a lieu; et si, d'autre part, il nous est impossible de concevoir une représentation qui soit dégagée de ces conditions, n'est-il pas évident que l'objet en soi n'a aucune grandeur?

Mais on peut établir cette vérité par une voie plus directe encore.

Considérons une grandeur continue, une étendue donnée par exemple, et voyons ce que peut être cette étendue, dans la représentation d'abord, puis en elle-même, en lui supposant une existence absolue. Dans la représentation, avons-nous dit, une grandeur déterminée est prise par l'esprit comme unité, et cette unité, au point de vue purement représentatif, a le caractère de l'absolu. C'est un *datum* dont il n'y a pas à demander compte. Toutes les grandeurs représentées seront rapportées à cette unité, et s'y trouveront comprises, ou la comprendront un certain nombre de fois. Donc, pas de difficultés. Mais il en est autrement si l'on considère les grandeurs continues comme objectivement réelles. Dans ce cas, chacune de ces grandeurs devra être absolue, et il est manifeste qu'elle ne l'est pas. Encore, si l'on pouvait les rapporter à une même unité, et que cette unité pût être considérée comme absolue! Mais il est évident que l'unité en question n'existe point, parce que l'unité à laquelle il faut rapporter des grandeurs continues est nécessairement elle-même une grandeur continue, homogène aux premières et relative comme elles.

Ce que l'on ne veut jamais comprendre, et ce qui cause tant d'erreurs, c'est que ce qui est, est ; et que ce qui est se suffit à soi-même, et n'a pas besoin pour être pensé d'être comparé à autre chose. Nous parlons ici, cela est bien entendu, au point de vue d'une philosophie des choses en soi ; mais une philosophie qui croit à la réalité objective de l'étendue est bien une philosophie des choses en soi, des substances. Or les grandeurs continues, s'il en pouvait exister hors de la représentation, pourraient bien être comparées entre elles, mais chacune d'elles prise à part ne serait rien, sinon dans son rapport avec d'autres, c'est-à-dire ne serait rien en elle-même et pour elle-même, et par conséquent, la réalité objective de telles grandeurs est impossible et contradictoire.

Résumons toute cette discussion.

Le temps et l'espace sont des continus. A ce titre ils doivent être considérés comme appartenant seulement à l'ordre représentatif, mais non pas à l'ordre objectif et absolu. Ils ne peuvent être considérés comme des choses en soi : nous l'avons prouvé par quatre arguments différents.

1° Tout continu implique une possibilité inépuisable de diviser. Or, dans la chose en soi, une possibilité de cette nature ne saurait se trouver, parce que tout attribut réel d'un objet est nécessairement déterminé, et que, par définition, une telle possibilité ne l'est point. De plus, le réel exclut la divisibilité à un titre quelconque, parce que, si la chose en soi était divisible, il faudrait qu'elle le fût indéfiniment, ce qui est impossible.

2° Si le continu est réel, il est nécessairement composé, par cela seul qu'il est divisible ; et alors ses éléments devront être en nombre infini, ce qui est contradictoire.

3° Tout continu réel devrait être composé, disons-nous : mais ce serait un composé dont l'analyse et la synthèse seraient également impossibles, puisque l'analyse ne peut conduire à l'élément composant du continu, et que la synthèse opérée avec cet élément composant ne reconstituerait pas le continu.

4° La grandeur extensive sous laquelle un continu quelconque, l'étendue par exemple, est perçu par nous, dépend nécessairement de conditions subjectives, de sorte que nous ne pouvons assigner aucune grandeur comme étant la grandeur vraie et absolue de l'objet considéré. Il est certain par là que l'objet en question n'a absolument parlant aucune grandeur.

Du reste, on pouvait arriver au même résultat

plus simplement et plus directement encore, en considérant que toute grandeur est relative, et que par conséquent, jamais telle grandeur donnée ne saurait être l'attribut réel d'une chose en soi.

Ainsi, sur le premier point, la thèse de Kant nous paraît établie, et nous croyons avec lui, mais pour des raisons autres que les siennes, que le temps et l'espace sont de pures données de la représentation, et ne possèdent point l'existence au sens absolu du mot, soit comme attributs, soit comme sujets. Il nous reste à examiner si, sur le second point, la théorie de Kant est également solide, et à rechercher l'origine des notions de temps et d'espace, pour pouvoir résoudre la question de savoir s'ils sont les conditions essentielles et les formes *a priori* de la représentation ; ou si au contraire ils en sont des caractères dérivés, quoique universels et nécessaires, cette universalité et cette nécessité leur venant d'une condition antérieure et plus fondamentale de la représentation.

CHAPITRE IV

Passage à la seconde question. — Raisons qui doivent nous faire douter de prime abord que le temps et l'espace soient des formes *a priori* de la sensibilité. — On essaiera une solution expérimentale du problème.

La doctrine d'après laquelle le temps et l'espace seraient des *formes a priori* de la sensibilité, présente au premier aspect des caractères qui doivent nous la rendre suspecte. Comment en effet entend-on la présence de ces notions dans l'esprit humain à titre de déterminations fondamentales de la pensée ? A cette question, il ne peut y avoir qu'une seule réponse, et cette réponse du reste est nettement formulée dans la *Critique de la Raison pure,* à savoir que le temps et l'espace sont des *représentations* logiquement au moins antérieures à toute expérience. Là-dessus, nous pourrions bien être tentés de demander pourquoi ces représentations, et quelle est leur raison d'être dans l'esprit. Mais la question serait peut être indiscrète. On nous répondrait sans doute que ce sont des faits primitifs, et par conséquent inexplicables ; et, à la vérité, on ne pourrait pas même tenter de les expliquer, sans renoncer par là à toute la théorie. Il nous faudrait donc nous contenter de cette fin de non-recevoir, et reconnaître que nous n'avons rien à dire, quelque peu satisfaits que nous fussions.

Mais la critique peut porter sur d'autres points, au sujet desquels il serait peut-être moins aisé de nous répondre. Par exemple, que sont ces représentations données antérieurement à toute expérience ? N'est-il pas évident qu'avec une semblable conception, on nous ramène aux *idées innées* de Descartes, c'est-à-dire à l'hypothèse étrange d'une connaissance dans laquelle n'entrerait aucun élément d'ordre expérimental, sorte de pensée avant la pensée, doctrine que Descartes dut abandonner lui-même presque aussitôt après l'avoir formulée ? Et que l'on ne vienne pas dire que l'antériorité des intuitions du temps et de l'espace par rapport à toutes les autres est une antériorité purement logique et non chronologique, parce qu'ici, comme dans le cas d'Oronte, « le temps ne fait rien à l'affaire. » Si les intuitions du temps et de l'espace ne préexistent pas en fait aux intuitions particulières d'ordre expérimental, elles leur préexistent en droit ; et cette préexistence de droit n'est pas plus explicable ni plus admissible que la préexistence de fait elle-même.

Ira-t-on, après avoir reconnu ce qu'il y a d'inacceptable dans la doctrine qui admet des concepts positifs antécédents à l'expérience, se réfugier dans l'explication que donne Descartes de sa pensée, lorsqu'il dit que ce qui est inné en nous, ce ne sont pas les idées toutes faites, mais seulement la faculté de les produire ? Dans ce cas, on met dans l'âme une faculté spéciale qui n'agira point d'elle-même, et qui n'entrera point en exercice pour produire l'intuition du temps ou celle de l'espace, sinon probablement *à l'occasion* de quelque circonstance extérieure la sollicitant à l'action ; sorte de ressort qui demeure tendu tant que l'obstacle qui le comprime n'a pas été levé. Puis, quelle est cette faculté inventée tout exprès pour produire à un moment donné ces intuitions du temps et de l'espace, et dont on ne peut rien dire absolument, sinon qu'elle est la *faculté* de concevoir le temps ou celle de concevoir l'espace ? N'est-il pas temps d'en finir avec ces causes chimériques que l'on ne peut définir que par leurs effets, comme le phlogistique ou l'horreur du vide ? Puis enfin, le temps et l'espace seront-ils seuls à réclamer l'existence de ces facultés de concevoir *a priori* ; n'en faudra-t-il pas admettre d'autres pour expliquer plusieurs idées auxquelles il répugne de donner une origine expérimentale, par exemple les idées de l'infini, du parfait, de l'absolu, et ne serons-nous point entraînés à doter l'âme généreusement d'une multitude sans fin de principes irréductibles ?

Du reste, il faut le reconnaître, les reproches formulés par nous contre la théorie cartésienne de l'innéité des facultés, ne tombent pas sur Kant qui, très vraisemblablement, s'en fût tenu à affirmer l'innéité des représentations, et non pas l'innéité des facultés du temps et de l'espace. Mais cette innéité des représentations mêmes ne soulève pas moins d'objections.

Tout d'abord, en l'entendant ainsi, il faut admettre que nous pouvons avoir la représentation d'un temps vide d'événements, et d'un espace vide d'objets corporels ; doctrine bizarre, dans laquelle on voit mariés et fondus ensemble les défauts de la théorie cartésienne de l'innéité des idées elles-mêmes, et la vieille erreur du conceptualisme attribuant à l'esprit des conceptions tout à la fois positives et indéterminées.

De plus, il est bien difficile, comme le fait remarquer M. Herbert Spencer, et après lui

M. Evellin [1], de comprendre que « l'espace puisse être à la fois condition et objet de conscience. S'il n'est qu'une forme intérieure, un instrument de la pensée, il ne saurait être pensé lui-même ; s'il est au contraire véritablement représenté, il doit, comme tout objet de représentation, se dédoubler en matière et en forme. »

Ajoutons enfin que cette théorie de la sensibilité constitue chez Kant une anomalie singulière. Les notions du temps et de l'espace ne sont pas les seules dont Kant reconnaisse l'universalité et la nécessité. Beaucoup d'autres possèdent ces mêmes caractères, par exemple les notions de l'unité, de la pluralité, de la cause, de la substance, etc. Pourquoi donc supposer les premières innées, et les secondes données dans l'expérience ? Pourquoi faire des unes des représentations *a priori*, et des autres de simples concepts ? Pourquoi des formes de la sensibilité, et des catégories de l'entendement ? Si l'esprit, ordonnant *a priori* ses représentations en tire par abstraction les notions de la substance et de la cause, pourquoi, ayant constitué d'une manière analogue ces mêmes représentations, n'en tirerait-il pas, par le même procédé, les notions du temps et de l'espace ?

---

[1] *Infini et Quantité*, p. 112.

Toutes ces raisons, on en conviendra, paraissent plus que suffisantes pour nous mettre en défiance contre la théorie Kantienne qui fait du temps et de l'espace des formes *a priori* de la sensibilité. Pour résoudre, s'il se peut, la question d'une façon plus définitive encore, nous allons aborder directement le problème de l'origine de ces notions, et essayer de déterminer si elles sont données dans l'esprit antérieurement à l'expérience, ou si, au contraire, elles procèdent pour lui de l'expérience même, et en dérivent par abstraction.

Notre examen portera d'abord sur la notion de l'espace.

CHAPITRE V

La solution expérimentale du problème n'est pas, quoi qu'en dise M. Ribot, indifférente au point de vue métaphysique qui est celui de notre discussion du Kantisme. — Problème quant à l'espace : trois théories physiologiques : nativisme, empirisme, théorie moyenne. — Les deux premières sont à rejeter. — Hypothèse de la projection. — Problème quant au temps. — L'intuition du temps est donnée simultanément avec celle de l'espace : elles ont donc une même origine.

Si l'on demande comment se constitue pour nous la représentation tactile ou visuelle d'une étendue concrète donnée, le problème est susceptible de recevoir deux solutions, et chacune de ces deux solutions a ses partisans. Parmi les savants qui ont étudié la question, beaucoup plus à la vérité en physiologistes qu'en psychologues, — mais il est bien certain que l'on ne peut songer à exclure les physiologistes de ce débat, — les uns ont pensé que la représentation de l'étendue nous est donnée immédiatement dans la sensation, quoique du reste d'une façon plus ou moins nette et précise ; de sorte que l'expérience et l'habitude auraient à intervenir seulement pour rectifier et assurer les sensations primitives trop inexactes ou trop incomplètes. Quant à l'intuition même de l'étendue, elle serait donnée par l'exercice naturel et spontané de l'organe, et ne résulterait nullement d'un travail opéré par l'esprit sur des données primitives et plus simples fournies par la sensation. Parmi les représentants les plus accrédités de cette doctrine, on peut citer M. Panum, et surtout M. Hering, qui du reste se sont attachés spécialement à la question de l'espace visuel. Ceux-ci ont été désignés par M. Helmholtz sous le nom de *nativistes*.

D'autres, au contraire, ont pensé que l'intuition de l'espace est une véritable construction de l'esprit, opérant suivant les lois de l'association et de l'habitude sur des éléments qui sont primitivement donnés dans la sensation, mais qui ne comportent absolument aucune détermination quant à l'espace ; de sorte que la représentation tactile ou visuelle des corps sous trois dimensions serait dans sa totalité le résultat d'un travail spécial de l'esprit. Les premiers germes de cette doctrine se trouvent dans Locke. Chez Berkeley, elle est exposée d'une façon régulière et suivie. De nos jours, elle a eu pour principaux interprètes, en Angleterre, MM. Stuart Mill, Bain et Spencer; en Allemagne, MM. Wundt et Helmholtz. Elle a reçu le nom de théorie *empirique*.

Enfin, il est un certain nombre de physiologistes et de psychologues que l'on range souvent parmi les nativistes, parce qu'ils attribuent à la sensation sous sa forme la plus élémentaire et la plus simple, de certaines déterminations quant à l'espace ; et qui pourtant ne sont pas des nativistes purs, puisque, dans l'intuition de l'étendue des corps, ils font la part à l'expérience et au travail de l'esprit. Parmi ces derniers, nous citerons Müller, qui n'attribue au sens de la vue qu'une seule propriété innée, celle de percevoir les surfaces, et qui, dans la perception de la troisième dimension, ne voit « qu'une *idée* et non une sensation ; » puis Volkmann, et MM. Donders et Nagel qui soutiennent ce que l'on appelle l'*hypothèse de la projection*, d'après laquelle la rétine a la faculté innée de transporter ses impressions au dehors, et d'extérioriser la sensation du point lumineux dans une direction donnée. Enfin, M. P. Janet, dans un important opuscule[1], discute les raisons exposées par chacune des deux écoles rivales, et conclut énergiquement à l'impossibilité d'accepter sans res-

---

1. DE LA PERCEPTION VISUELLE DE LA DISTANCE. *Revue Philosophique.* Janvier 1879.

triction l'une ou l'autre théorie, et par là-même à la nécessité d'une doctrine qui, évitant les exagérations où l'on tombe de part et d'autre, tienne compte de la part de la vérité que renferme chacune des opinions extrêmes. Le point de vue spécial auquel s'est placé M. Janet, et qui le conduit à cette conclusion, c'est la théorie de Berkeley sur la perception visuelle de la distance. Le savant auteur repousse cette théorie, et croit à la nécessité de reconnaître à l'organe de la vue la faculté innée de projeter au dehors l'image visuelle.

Voici donc deux, ou plutôt trois doctrines entre lesquelles nous allons avoir à opter. Mais ici se présente une difficulté que nous devons résoudre d'abord. M. Ribot qui, dans son ouvrage *la Psychologie allemande contemporaine*, fait l'historique du débat entre nativistes et empiristes, termine ainsi le chapitre qu'il consacre à cette question : « On a pu voir que la doctrine de Kant sur l'espace et les doctrines discutées ici sont des problèmes d'un ordre tout à fait différent. Que l'on considère l'espace comme une forme *a priori* de l'esprit, ou comme une réalité objective, ou comme une abstraction, il reste toujours à expliquer sa genèse empirique dans l'esprit humain. Les nativistes abusent donc d'une équivoque de langage, lorsqu'ils se réclament de Kant. Pour parler le langage de ce philosophe, ils confondent une question d'ordre phénoménal, celle qu'ils traitent, avec un problème d'ordre transcendant, l'origine dernière de la notion d'espace. Les discussions exposées ici ne doivent pas sortir des faits et de leur interprétation immédiate : c'est ce qu'on a essayé de faire comprendre. »

Ainsi, suivant M. Ribot, le débat entre nativistes et empiristes, en supposant qu'on pût lui donner une solution satisfaisante, ne préjugerait absolument rien quant à la valeur de la théorie Kantienne, d'après laquelle l'intuition de l'espace est une forme de la sensibilité, ce qui suppose cette intuition absolument apriorique. Mais, à notre avis, M. Ribot commet ici une confusion.

Ecartons d'abord la question, toute métaphysique en effet, mais qui n'est nullement en cause pour le moment, de la réalité ou de la non-réalité objective de l'espace. Cela fait, nous demanderons à quel point de vue on voudrait distinguer les deux problèmes de l'origine métaphysique de l'idée d'espace, et de ce que M. Ribot appelle « sa genèse empirique dans l'esprit humain. » Métaphysiquement ou empiriquement, quel est l'espace dont il s'agit d'expliquer l'idée en nous? C'est apparemment l'espace dont nous avons la représentation. Que la question de l'origine de l'idée de cet espace, c'est-à-dire la question de la genèse empirique de l'idée d'espace dans l'esprit humain se pose, rien de mieux. Mais, quand cette question est résolue, que vient faire l'autre? Empiriquement, la sensation élémentaire de la couleur comporte une certaine intuition plus ou moins précise de l'espace, ou elle n'en comporte aucune. Dans le premier cas, l'intuition de l'espace, ou tout au moins l'intuition de l'un des éléments de l'espace est primitive, irréductible, et par conséquent innée, au même titre et de la même manière par exemple que la pure et simple intuition de la couleur. Dans le second cas, l'idée d'espace est uniquement due à l'expérience. Que la sensation ait été reconnue par les physiologistes comporter, dans ce qu'elle a de plus élémentaire et de plus irréductible, une intuition parfaite de l'étendue avec ses trois dimensions, le philosophe n'hésitera pas à considérer cette solution comme préjudiciellement favorable à la thèse de Kant, sans pourtant en être une démonstration définitive ; parce que le problème est plus complexe et suppose encore résolues d'autres questions métaphysiques, telles que celle-ci : ce qui est inné dans l'esprit, est-ce la représentation même de l'espace, ou seulement la faculté de se représenter les corps avec trois dimensions? etc. Que les physiologistes, au contraire, aient pu établir solidement que la sensation n'est pas déterminée du tout quant à l'espace, ou du moins ne l'est pas quant à l'espace tout entier, le philosophe sera parfaitement fondé à en conclure que la représentation de l'espace est une construction de l'esprit, et la notion d'espace, une notion abstraite ou un concept, comme dit Kant. Les psychologues anglais, MM. Stuart Mill et Bain l'ont bien vu; et ces deux auteurs ont cru, avec raison, faire assez contre l'*a priori* métaphysique, s'ils parvenaient à rendre compte par la sensation seule de la représentation que nous nous faisons de l'espace.

Ce que M. Ribot avait le droit d'affirmer, c'est la différence essentielle qui existe entre la méthode des métaphysiciens et celle des physiologistes, différence qui va jusqu'à l'irréductibilité; de sorte que, le physiologiste doit se tenir dans la sphère de l'expérience, et ne jamais substituer aux faits et à leur interprétation scientifique des considérations d'ordre métaphysique. Mais prétendre qu'un même problème ne peut pas se présenter sous deux aspects différents, et solliciter l'examen par deux méthodes différentes, c'est évidemment aller trop loin. Pour le cas qui nous occupe, nous croyons avoir montré avec une netteté suffisante, que le débat entre les nativistes et les empiristes est absolument le même que le débat entre les Kantiens et les partisans de la doctrine que nous défendons.

Mais, comment entrer dans une pareille question, sans avoir en physiologie des connaissances tout à fait spéciales ; comment oser s'ériger en arbitre entre MM. Hering et Helmholtz, à moins de posséder soi-même une compétence indiscutable sur la matière ?

Nous venons de dire que le problème général de l'origine de l'idée d'espace est un problème à deux faces, et qui peut être envisagé soit au point de vue métaphysique, soit au point de vue expérimental. Nous-même, sans traiter à fond la question métaphysique, nous avons indiqué quelques-unes des objections qu'on pourrait élever, au point de vue métaphysique, contre la thèse Kantienne de l'irréductibilité de l'idée d'espace, et par là-même, contre l'innéité absolue de cette idée. Or, de même que le problème général a deux faces, et peut être traité métaphysiquement ou expérimentalement, le problème expérimental a deux faces à son tour, et peut être traité physiologiquement ou psychologiquement. C'est donc en psychologue que nous entrerons dans le débat.

Ces réserves faites, examinons d'abord la théorie nativiste pure ; et, pour plus de simplicité, bornons-nous à la partie de cette théorie qui concerne l'espace visuel. Nous croyons devoir la repousser pour plusieurs raisons.

1° Les nativistes purs sont obligés, sous peine d'inconséquence, de soutenir, non pas seulement que nous voyons immédiatement en profondeur les objets situés dans l'espace, mais encore que nous voyons chaque objet avec sa distance vraie par rapport à nous ; quoique d'ailleurs, l'organe, au début encore faible et inexpérimenté, donne des perceptions peu nettes et peu précises, mais qui se préciseront plus tard grâce à l'habitude. Or cette hypothèse d'une perception immédiate de la profondeur vraie et des distances des différents objets par rapport à nous, est en contradiction avec des faits bien connus, les illusions des jeunes enfants, celles que nous font éprouver les panoramas, etc. Tous ces faits et d'autres semblables paraissent bien prouver, non pas sans doute que nous n'avons par l'exercice du sens de la vue aucune notion immédiate de la troisième dimension de l'étendue, mais bien que nous ne percevons pas tout d'abord, même d'une façon très peu exacte, la distance à laquelle les différents objets sont de nous ; ce qui va directement contre le nativisme pur.

A cette question de la localisation de nos sensations dans l'espace, s'en rattache une autre tout à fait connexe à la première, celle de la localisation dans notre propre corps de ce que certains psychologues s'obstinent à nommer très improprement « les sensations internes. » De même que les nativistes doivent considérer comme immédiate et spontanée la perception à telle distance donnée de tel corps situé dans l'espace, de même aussi ils doivent accepter l'hypothèse d'une localisation immédiate de la sensation dans les différentes parties du corps. Or on est généralement d'accord pour reconnaître que cette hypothèse présente de grandes difficultés, et même qu'elle est en contradiction formelle avec des expériences qui semblent décisives.

Le fait capital qu'on oppose en général aux partisans de la localisation immédiate, ce sont les illusions des amputés. De l'avis de plusieurs personnes, ces illusions prouvent de prime abord que la localisation de nos sensations n'est pas quelque chose de primitif. Mais nous pensons que ces personnes se trompent, parce que ces illusions peuvent s'expliquer, à ce qu'il semble, tout aussi bien avec la théorie nativiste qu'avec la théorie contraire. Admettons en effet qu'une excitation venant à se produire dans le centre nerveux, le sujet rapporte spontanément et immédiatement la sensation éprouvée à l'extrémité périphérique du filet nerveux, ce qui est proprement l'hypothèse nativiste. On comprend que, dans ce cas, le membre où aboutit ce filet nerveux ayant disparu, rien ne sera changé pour cela dans le centre nerveux et dans la partie du nerf sensitif qui l'avoisine : de sorte que, si le sujet, en vertu d'une disposition naturelle et innée, devait éprouver à la suite d'une impression transmise au centre nerveux le sentiment d'un pied ou d'une main, ce sentiment persistera même après l'amputation du pied ou de la main, après la section du nerf à une certaine distance du centre nerveux. Ce que l'on peut dire seulement, c'est que, si cette hypothèse est la vraie, il ne peut exister absolument aucune raison pour que ces illusions ne persistent pas toute la vie. Donc ce ne sont pas, comme on se le figure, les illusions des amputés qu'il faut objecter à la théorie nativiste ; c'est, au contraire, leur disparition après un certain temps. C'est ce que Müller semble avoir bien vu. Aussi le grand physiologiste soutient-il « que ces illusions persistent toujours, et qu'elles con-

servent la même intensité pendant toute la vie. »
A l'appui de son affirmation, Müller cite même plusieurs exemples.

La plupart des auteurs qui se sont occupés de la question soutiennent la thèse contraire ; et il semble bien que ce soit à ces derniers qu'il faille donner raison. Müller a observé des sujets chez qui les illusions ont duré toute la vie : soit ; mais cela empêche-t-il qu'il en ait pu exister d'autres chez qui elles ont cessé à un moment donné ? Et, s'il existe un nombre même restreint de cas bien constatés de cessation des illusions, n'est-ce pas assez pour détruire l'affirmation absolue de Müller ? Or il existe incontestablement de pareils cas ; et nous citerons entre autres le témoignage de M. Vulpian, qui a bien voulu nous assurer lui-même que, chez un grand nombre d'amputés, l'illusion très complète au début, s'affaiblit peu à peu ou se transforme ; que par exemple, il avait connu un homme amputé à l'épaule, qui sentait sa main à l'extrémité du moignon ; et qu'enfin, au bout d'un certain temps, quinze ou vingt ans par exemple, l'illusion souvent disparaissait tout à fait. Ces faits sont-ils décisifs ? M. Vulpian y voit « la preuve que les notions de position des divers points de la peau sont des résultats de l'expérience, et non des faits d'innervation préétablie. Tant que des impressions venant du moignon peuvent remplacer bien ou mal celles qui existaient auparavant dans la peau des membres enlevés, ces notions persistent plus ou moins nettes. Mais, ces extrémités cessant d'envoyer des impressions à la moelle épinière, les notions de position s'effacent peu à peu [1]. » On ne peut nier la force de ces raisons ; et, si les nativistes soutenaient qu'il n'est pas impossible qu'une disposition innée se modifie sous l'influence des circonstances, nous répondrions que, si l'on se reconnaît obligé à accorder quelque chose à l'expérience dans le phénomène de la localisation, il faut ne pas s'arrêter à mi-chemin, et lui accorder tout ce qu'il est possible de lui accorder raisonnablement.

Du reste, outre les raisons que nous venons d'exposer, il en est d'autres encore qui peuvent servir à prouver que la localisation n'est pas immédiate. Citons seulement pour mémoire la fameuse expérience faite à Montpellier et rapportée par Maine de Biran, puis par Hamilton et Stuart Mill, sur un malade atteint d'hémiplégie, et dont les nerfs moteurs étaient seuls paralysés, tandis que les nerfs sensitifs demeuraient

---

1. Vulpian. *Dictionnaire encyclopédique des sciences médicales*. Art. MOELLE ÉPINIÈRE.

intacts. On sait que, chez ce malade, le pouvoir de localiser dans son propre corps les sensations qu'il éprouvait, était totalement aboli ; et que, la paralysie des nerfs moteurs s'atténuant progressivement, la faculté de la localisation lui revint également peu à peu. Cette expérience, si elle a été bien faite, est, comme le dit Stuart Mill, un véritable *experimentum crucis,* et prouve avec une clarté parfaite que la condition première de la localisation est dans la faculté motrice, et que par conséquent la localisation n'est pas un fait d'innervation préétablie.

On peut citer encore contre la théorie des localisations spontanées les expériences de M. P. Bert sur des rats. Voici en quoi consistent ces expériences. On implante sur le dos d'un rat le bout de sa propre queue avivée au bistouri. Après quelques jours, il se produit une sorte de greffe ou de soudure. On coupe alors la queue du rat à un centimètre environ de sa naissance, de sorte que l'animal a la queue retournée. Pendant plus de six mois, si l'on pince la queue, l'animal ne donne que de faibles signes de sensibilité ; de six à neuf mois, la sensibilité a beaucoup augmenté, sans que pourtant le rat puisse encore reconnaître l'endroit où on le pince ; après une année, il reconnaît l'endroit, et se retourne pour mordre l'instrument. Cette expérience permet de constater directement, et de prendre en quelque sorte sur le fait l'influence du temps et de l'habitude sur les phénomènes de localisation.

2° Il est encore une autre raison qui, aux yeux du psychologue, condamne irrémissiblement le nativisme pur : le nativisme pur est en contradiction avec cette vérité indiscutable que le temps est nécessairement un élément de la représentation de l'espace ; ou, si l'on peut ici se servir d'un terme d'algèbre, que l'intuition de l'espace est nécessairement *fonction* de celle du temps.

Cette proposition nous paraît être l'évidence même. Apparemment, on ne cherchera pas à nier que l'intuition de l'espace est un fait de conscience ; et, si elle est un fait de conscience, comment échapperait-elle à la loi universelle et absolue des faits de conscience qui est la durée ? Sans doute, nous avons l'illusion d'une perception simultanée des points lumineux d'une surface colorée, lorsque cette surface est petite ; mais, lorsque cette surface est très grande, lorsque par exemple nous promenons nos regards sur un vaste horizon, cette illusion disparaît. Nous avons alors très nettement conscience que la perception de l'étendue placée sous nos yeux est successive.

Or, si nous percevons successivement de grandes étendues, il faut bien que nous percevions de la même manière les plus petites ; car il est évident qu'entre une grande étendue et une petite, il n'y a de différence que sous le rapport de la quantité ; et ce n'est certainement pas cette différence qui pourroit rendre nécessaire pour les grandes étendues l'intervention de ce facteur nouveau le temps, si elle n'était pas nécessaire déjà pour les petites. Ainsi l'expérience elle-même prouve très bien que la représentation d'une surface colorée ne peut être simultanée, quelque petite qu'on la suppose.

Sur ce point du reste on se trompe fréquemment, et la cause en est que l'on confond sans s'en douter le point de vue théorique de la question et le point de vue pratique. En fait, dit-on, nous ne percevons jamais un point coloré unique, mais toujours une multitude de points juxtaposés et constituant une surface. Rien n'est plus vrai ; mais c'est qu'une perception effective, si rapide qu'on la suppose, a toujours une certaine durée, implique une réelle multiplicité d'impressions, et par conséquent doit comprendre une réelle multiplicité de points colorés contigus entre eux comme les moments de la durée, c'est-à-dire constituant une surface. Ce qui est évident, ce que personne ne peut raisonnablement refuser d'accorder, croyons-nous, c'est qu'un minimum d'espace est perçu dans un minimum de temps. Nous sommes en droit d'en conclure que, dans l'instant indivisible de la durée, nous ne pouvons percevoir que le point indivisible de l'espace, le point mathématique. Que du reste, ni l'instant indivisible, ni le point mathématique ne soient les minima réels et les éléments composants du temps et de l'espace, nous en sommes d'accord. Que, dans une portion de la durée, si courte que l'on voudra l'imaginer, nous percevions une étendue superficielle de plus en plus restreinte, mais toujours réelle, et qui jamais ne se réduira au simple point mathématique, rien n'est plus vrai ; mais ce n'est pas de quoi il s'agit. On soutient que, dans une portion donnée du temps, nous percevons une portion donnée de l'étendue : nous l'accordons, mais la question n'est pas là. Les nativistes prétendent que nous avons de l'étendue une intuition rigoureusement simultanée ; c'est-à-dire que, au point de vue théorique, nous pouvons dans le zéro absolu de temps, ou dans l'instant indivisible, percevoir une surface réelle. Mais il y a là une erreur manifeste. Si nous percevons une surface d'une grandeur donnée petite ou grande, il faut nécessairement que nous en puissions percevoir également la moitié. Or, s'il est des surfaces qui puissent êre perçues dans l'instant indivisible, nous demanderons comment on pourrait percevoir la moitié de ces surfaces. Donc, théoriquement parlant, cela est bien entendu, dans l'instant indivisible nous ne pouvons percevoir que le point mathématique.

Passons à la théorie de l'empirisme pur, et disons de suite que cette théorie nous paraît devoir être rejetée comme la précédente.

Un des grands éléments de force et de succès qu'a eus l'empirisme pur, c'est, il faut bien l'avouer, la faiblesse de la thèse adverse, et les expériences multiples et décisives qu'on pouvait invoquer contre elle. L'empirisme bénéficiait ainsi en quelque sorte de tout le discrédit qui s'attachait au nativisme, et le terrain perdu par l'un des deux adversaires semblait définitivement gagné pour l'autre. Or il y avait là quelque chose d'illégitime ; parce que rien ne prouvait qu'on fût obligé de choisir entre l'empirisme absolu et le nativisme absolu, et que quiconque excluait l'un prît par là-même parti pour l'autre. Il existe au contraire, comme nous l'avons dit déjà, entre les deux théories extrêmes, une théorie moyenne faisant sa part à chacune des deux autres, sans avoir la prétention de les concilier, mais se frayant sa voie à égale distance de l'une et de l'autre. Pour que l'empirisme pût triompher de la faiblesse de la thèse opposée, il aurait fallu que ses arguments, que les faits d'expérience invoqués par lui atteignissent en même temps que le nativisme la théorie intermédiaire dont nous parlons : alors, mais alors seulement, il fût demeuré seul maître du terrain. Ce résultat n'a pas été obtenu, et même il a été établi avec la plus extrême rigueur, dans un ouvrage que nous avons eu déjà occasion de citer [1], que toutes les expériences alléguées, et en particulier celle de Cheselden et d'autres expériences similaires, si elles sont probantes contre les partisans d'une perception immédiate de la distance vraie, ne prouvent rien contre ceux qui se contentent de considérer la sensation de couleur comme primitivement et nécessairement projetée dans l'espace. Nous n'insisterons pas sur ce point qui a été traité d'une manière définitive, mais nous retiendrons la conclusion à laquelle a abouti cette importante discussion ; à savoir, que les arguments de l'empirisme contre le nativsme peuvent être d'une grande force contre cette

---

[1]. De la perception visuelle de la distance, par M. P. Janet. (*Revue philosophique*. Janvier 1879.)

doctrine, mais ne prouvent rien en faveur de l'empirisme lui-même.

Mais nous devons aborder de front l'empirisme à son tour. Cette théorie, comme la théorie nativiste, soulève les objections les plus graves.

1° Si les empiristes peuvent opposer aux nativistes des faits et des expériences qui semblent décisives, la réciproque n'est pas moins vraie, et il est un certain nombre de faits bien constatés qui, de l'aveu des empiristes eux-mêmes, ne paraissent pas explicables avec leur théorie [1]. Par exemple, il est tout à fait incontestable que la sensation élémentaire de la couleur nous est donnée originairement déterminée, non pas sans doute quant à l'espace tout entier, mais bien quant à l'un des éléments de l'espace, la profondeur.

Comme preuve à cet égard, nous rappellerons d'abord l'expérience faite au Muséum par Fr. Cuvier, et rapportée par M. Chevreul, que M. Janet cite à son tour dans l'opuscule dont nous avons parlé : « Une poule couveuse fut mise avec des œufs dans un panier couvert d'un

---

1. Nous rappellerons particulièrement à cet égard les déclarations très sincères de M. Ribot qui pourtant ne cache pas ses préférences pour la thèse empirique. Voir : *La Psychologie allemande contemporaine*, p. 151.

drap noir, au centre d'une enceinte circulaire d'un mètre environ de diamètre, limitée par une triple rangée de pieux disposés en quinconces, de manière que les petits poulets éclos ne pouvaient sortir de l'enceinte limitée directement dans la rangée du milieu. Qu'arriva-t-il ? C'est que chacun d'eux évita le pieu en faisant un léger détour ; une fois hors du cercle, il allait becqueter directement des grains qu'on avait répandus à quelques mètres du panier ; de manière qu'à la sortie de l'œuf, le petit poulet savait éviter les obstacles opposés à sa marche directe, et, sans hésitation, se précipitait directement pour se nourrir du grain que ses yeux voyaient pour la première fois. » Voilà un fait qui paraît assez décisif : il en est bien d'autres, et qui sont connus. Le petit veau sait trouver immédiatement le pis de la vache. Le crocodile, éclos sans avoir été couvé par ses parents, court immédiatement à l'eau, mord un bâton qu'on lui présente, etc. Ces faits, dit M. Ribot, sont tout en faveur de la théorie nativiste, puisqu'ils *montrent* que ces animaux, « dès qu'ils voient la lumière du monde, en voient aussi la profondeur. »

Mais à quoi bon aller chercher des témoignages chez les animaux, lorsque les faits mêmes que les empiristes invoquent en faveur de leur thèse et qui sont relatifs à l'espèce humaine, prouvent que la sensation visuelle à son origine n'est pas absolument indéterminée quant à l'espace. Par exemple, on se fonde sur le rapport de Cheselden, d'après lequel le jeune homme opéré, « loin d'être en état d'apprécier les distances, s'imaginait que tous les objets qu'il voyait touchaient ses yeux, de même que les objets sentis sont au contact de la peau. » M. Janet a fort bien montré qu'il ne faut pas prendre à la lettre cette expression du nouveau voyant que « *les objets lui touchaient les yeux* » ; mais, que l'objet soit perçu primitivement touchant les yeux ou à distance, peu importe au fond, parce que, dans un cas comme dans l'autre, la perception de l'objet coloré est projetée dans l'espace. Que la distance vraie puisse être perçue immédiatement, c'est là une tout autre question, et nous-même avons donné les raisons qui ne permettent pas d'accepter une pareille hypothèse. La seule chose que nous prétendions démontrée par toutes sortes d'expériences, c'est que tout exercice de l'œil, quelque spontané, quelque élémentaire qu'il soit, nous fait connaître l'objet, non seulement quant à sa couleur, mais aussi quant à sa direction dans l'espace. Ce fait bien constaté détruit sans retour la théorie de M. Helmholtz, d'après lequel « nous rapportons à droite dans l'espace les impressions que notre rétine reçoit à gauche ; et cela parceque, dans un grand nombre de cas antérieurs, l'expérience nous a montré que les objets sont réellement situés dans cette direction [1] ». En même temps se trouve réfutée cette assertion de M. Bain, que« la fusion des sensations du tact (ou de la vue) avec le sentiment d'un emploi des forces motrices, explique tout ce qui appartient à la notion de grandeur étendue ou d'espace. » Non, disons-nous, cela ne peut pas être, à moins qu'on admette que la sensation du tact ou de la vue comporte irréductiblement un élément d'ordre spatial, ce que M. Bain n'admet pas.

2° A la question de la localisation dans l'espace se rattache, nous avons eu déjà occasion de le faire remarquer, la question de la localisation de nos sensations affectives dans notre propre corps. Nous avons vu que les nativistes sont conduits par leur théorie à supposer que cette localisation se fait immédiatement et spontanément, en quoi l'expérience leur donne tort. Mais, si cette question est un embarras pour les nativistes, elle ne l'est pas à un moindre degré pour les empiristes. Ceux-ci doivent, pour

---

[1]. Ribot, p. 151.

demeurer fidèles à leurs principes, soutenir que la sensation, dans ce qu'elle a de fondamental et de constitutif, ne comporte aucune détermination d'ordre spatial, ce qui les met hors d'état d'expliquer d'une manière satisfaisante les phénomènes de localisation. Nous n'avons pas l'intention d'entreprendre ici la critique des tentatives qu'on a faites pour y réussir, ni d'examiner les théories qui ont été proposées. Il nous suffira de rappeler que les psychologues et les physiologistes empiristes d'Allemagne ont eu pour la plupart [1] recours pour l'explication des localisations à l'hypothèse des *signes locaux* de Lotze, ce qui était sortir complètement du système ; et que ceux d'Angleterre qui ont cru pouvoir se passer de cette hypothèse, ont encouru le reproche très justifié à notre avis, d'avoir commis une pétition de principe en introduisant, tout au moins d'une manière indirecte, dans le nombre des éléments dont ils composaient la notion de l'espace, cette notion même qu'il s'agissait pour eux d'expliquer, et de réduire à des éléments qui lui fussent hétérogènes [2].

1. Sauf Wundt qui modifie l'hypothèse de Lotze et enlève au signe local toute détermination quant à l'espace, de sorte que sa théorie des localisations se rapproche surtout de celle des psychologues anglais.
2. Relativement à cette question, voir un peu plus bas, p. 80, *note*.

Du reste, à ce point de vue encore de la localisation des sensations dans notre propre corps, l'empirisme paraît être en contradiction formelle avec l'expérience. Il nous suffira, pour le montrer, de citer un seul fait.

On sait que la sensation produite par un choc sur le nerf cubital est toujours localisée par nous dans les deux derniers doigts et dans la paume de la main. Comment expliquer un pareil fait, sinon par ce principe que nous rapportons spontanément à l'extrémité du nerf sensitif les impressions ressenties à la suite d'un choc produit sur ce même nerf dans l'une de ses parties intermédiaires ? Mais, si l'on admet une pareille spontanéité, et il ne semble pas que jusqu'à ce moment les empiristes aient pu se dispenser de l'admettre ; si l'on reconnaît que nous avons une tendance naturelle à localiser à l'extrémité du nerf ; comment peut-on dire encore que la sensation ne comporte originairement aucune détermination quant à l'espace, qu'elle est un fait de conscience purement subjectif, et que par là-même elle nous est donnée tout d'abord dans la conscience uniquement comme un état du moi ?

Au reste, il faut avouer qu'on éprouve un réel sentiment d'étonnement, quand on considère l'obstination que mettent en général les empiristes à refuser à la sensation toute détermination quant à l'espace. Il s'agit ici, cela est bien entendu, des psychologues de l'école associationiste, et pas du tout des physiologistes allemands qui traitent la question au point de vue pur de la physiologie et de l'expérience, sans aucune espèce de préoccupation relativement à une thèse quelconque de psychologie générale. Assurément MM. Stuart Mill, Bain et Spencer reconnaissent que la sensation est déterminée primitivement quant à ce qu'Aristote appelait le *sensible propre*. Si donc la sensation visuelle est irréductiblement la sensation d'un point lumineux coloré, on se demande pourquoi ces philosophes ne veulent pas admettre que ce point lumineux soit, d'une façon également irréductible, donné comme extérieur. Qu'est-ce que la théorie empirique de l'Ecole anglaise aurait à y perdre, puisque, ceci accepté, la notion de l'espace conserve son origine expérimentale, et que toute hypothèse innéiste relativement à cette notion demeure écartée ? Il semble même que les Associationistes auraient beaucoup à y gagner au contraire, étant par là délivrés de la tâche ardue de constituer de toutes pièces la représentation de l'espace, sans s'être pourvus préalablement d'aucun élément d'ordre spatial.

Ainsi, ni le nativisme pur, ni le pur empirisme ne présentent, à ce qu'il semble, une solution satisfaisante du problème de la perception visuelle de l'espace. Nous devons donc recourir à la théorie intermédiaire dont il a été parlé, laquelle faisant sa part à chacune des deux théories extrêmes, considère la sensation, non pas comme absolument indéterminée quant à l'espace, ni comme déterminée quant à l'espace tout entier avec ses trois dimensions, mais bien comme déterminée seulement quant à l'un des éléments de l'espace ; le reste étant pour l'esprit objet de construction, et par là-même supposant l'expérience. Mais, cette question résolue, un point reste à décider. Dirons-nous avec Müller que ce qui est inné et irréductible dans l'exercice de la vue, c'est la perception de la surface colorée, la perception de la troisième dimension étant donnée par l'expérience ; ou bien au contraire admettrons-nous avec Volkmann et MM. Nagel et Donders l'hypothèse de la *projection*, c'est-à-dire l'opinion d'après laquelle le point lumineux serait donné immédiatement projeté dans l'espace, et la perception des surfaces serait au contraire objet de construction et d'expérience ? Notre hésitation là-dessus ne saurait être longue. Au point de vue physiologique, la doctrine de

Müller, d'après le témoignage de M. Ribot, a été abandonnée de bonne heure ; « parce qu'elle soulevait trop de difficultés, parce qu'elle était en contradiction avec des faits bien établis : par exemple, nous voyons simples des objets qui se peignent sur des points non identiques (des deux rétines), ce qui est la négation même de la doctrine [1]. » Quant à l'hypothèse de la projection, elle est, paraît-il, parfaitement acceptable au point de vue physiologique. M. Ribot lui-même reconnaît « qu'elle est implicitement admise dans la plupart des recherches physiologiques ; ... et cette hypothèse n'est pas embarrassée pour expliquer comment des impressions qui tombent sur des points non identiques des deux rétines donnent lieu à une perception simple. » A la vérité, elle n'explique pas les images doubles dans la vision binoculaire ; mais elle a reçu de Nagel surtout certaines modifications, (d'ordre purement physiologique d'ailleurs), « destinées à la mettre d'accord avec les faits [2]. »

1. Psychologie Allemande, p. 129.
2. « Nagel suppose que les deux images rétiniennes sont projetées sur des surfaces sphériques différentes qui ont comme centres le point d'intersection des lignes visuelles. L'acte de la projection est appelé par lui *une opération constructive,* et dans cet acte il fait jouer un rôle considérable aux sensations musculaires. » (Ribot, p. 130-131, *note.*)

Au point de vue psychologique qui est beaucoup plutôt le nôtre, la conclusion est identique. Ce que nous reprochions surtout au nativisme pur, c'était de ne pas faire au temps sa part dans la représentation que nous avons de l'espace. Or ce reproche tombe tout aussi bien sur la théorie de Müller. C'est donc à l'*hypothèse de la projection* que nous devons nous en tenir.

Ainsi, pour conclure, nous croyons avoir démontré, et nous considérons désormais comme un point acquis, que la sensation visuelle, dans ce qu'elle a d'élémentaire et de vraiment irréductible, est celle d'un point lumineux ou coloré projeté dans l'espace suivant une direction donnée, et à une distance de l'œil que déterminent certaines conditions anatomiques. Cette distance d'ailleurs varie d'individu à individu. Elle est autre pour un myope, autre pour un presbyte ; mais elle n'est pas, en général, la distance véritable ; et c'est précisément grâce à l'expérience et à l'habitude que nous parvenons à la modifier et à la rectifier, pour la perception des objets situés en deçà ou au delà du plan sur lequel sont projetés tous les points lumineux dans la sensation primitive [1]. Dès

---

1. Cette opération n'est pas autre chose que le phénomène bien connu de l'adaptation du cristallin à la distance à percevoir.

lors, la représentation que nous avons des corps comme étendus est proprement une construction de l'esprit, et c'est cette représentation qui est pour nous la véritable origine de la notion d'espace.

Il nous reste à démontrer que la notion du temps n'est pas plus innée que celle de l'espace, et que l'intuition nous en est donnée, non pas *a priori,* comme le veut Kant, mais dans l'expérience même.

Une simple observation nous suffira pour établir ce point.

Notre grand argument contre l'incomplexité de la notion d'espace, c'était, — il faut le rappeler encore, — que le temps est un élément nécessaire de la représentation de l'espace. Or il est facile de voir que la réciproque n'est pas moins vraie ; si la représentation du temps entre pour nous dans celle de l'espace, la représentation de l'espace n'entre pas moins dans celle du temps. Qu'est-ce en effet pour nous qu'une certaine étendue visuelle, — et pour plus de simplicité nous considérerons uniquement l'étendue linéaire, — sinon la totalité des perceptions que nous donne notre œil se mouvant pendant un temps donné avec une vitesse donnée? De même, qu'est-ce pour nous qu'une certaine durée, sinon l'ensemble des perceptions que nous donne notre œil parcourant d'une extrémité à l'autre une ligne donnée avec une vitesse donnée? Si le temps combiné avec la vitesse mesure l'espace, est-ce que l'espace combiné avec la vitesse ne mesure pas également le temps? Et, si nous laissons de côté le temps et l'espace objectifs, qui, pour les raisons que nous avons exposées, ne peuvent être réels, n'est-il pas évident que le temps subjectif, le seul et véritable temps, est relatif à l'espace, tout comme l'espace subjectif est relatif au temps?[1]

---

1. L'oubli de cette vérité si simple et si incontestable serait, à notre avis, le vrai principe de l'erreur qu'ont commise les psychologues anglais, lorsqu'ils ont cru pouvoir expliquer l'intuition de l'espace par les seules sensations musculaires.

Stuart Mill, comme on le sait, fait profession d'ignorer ce qu'est le temps, et de laisser de côté toute théorie relativement à la présence en nous de cette idée. M. Bain fait de même ; mais en fait, la théorie de l'espace qui leur est commune implique une conception positive de la nature du temps et de l'origine de l'idée du temps : tous deux, lorsqu'ils veulent expliquer l'idée de l'espace, traitent en réalité le temps comme un absolu ; et voici comment. Selon ces philosophes, la sensation est essentiellement successive, c'est-à-dire qu'elle possède naturellement une sorte *d'extension dans le temps :* le sens de cette extension venant à varier, — sans que du reste on songe à rendre compte de ces variations, — nous en viendrions tout naturellement à nous représenter les choses sous la forme de l'étendue. Mais cette argumentation pèche par la base. Que l'on considère la sensation comme irréductiblement successive, soit : mais ici l'on va plus loin ; on fait de la longueur de la série de nos états de conscience une quan-

De là, nous pouvons conclure immédiatement que ni l'une ni l'autre de ces deux intuitions n'est primitive et irréductible, ce qui suppose qu'elles ont toutes deux leur origine et leur raison d'être dans quelque processus de l'esprit logiquement antérieur et plus fondamental.

C'est ce processus que nous devons étudier. Pour cela, il faut partir de la réalité concrète, et procéder par analyse. Si nous voulions en effet procéder par synthèse, partir d'un prétendu élément de la représentation, et montrer comment avec cet élément l'esprit constitue la représentation sous les deux formes du temps et de l'espace, nous nous condamnerions à échouer infailliblement. La raison en est, comme nous l'avons dit plus haut, que le temps et l'espace ne peuvent sans contradiction être considérés comme objectivement réels ; de sorte qu'il est également impossible, soit de les décomposer, soit de les composer idéalement ; puisque, s'ils pouvaient être décomposés ou

---

tité fixe et absolue, dont la notion nous sert de base lorsque nous avons à déterminer la grandeur de l'espace parcouru dans notre mouvement ; et par là-même on fait du temps quelque chose qui existe indépendamment de la sensation, et qui peut servir à la mesurer. Or cette conception du temps est inacceptable. La durée d'une série psychologique est relative, et, loin de pouvoir servir à déterminer la grandeur d'un espace parcouru, elle a besoin tout autant que cette dernière d'être déterminée elle-même.

composés idéalement, leur composition, et par là-même leur réalité, n'aurait plus rien d'impossible ni de contradictoire. Nous devons donc partir du temps et de l'espace comme donnés, et tâcher de découvrir le processus suivant lequel l'esprit y opère, sans espérance toutefois de le ramener absolument au procédé de composition et de décomposition régulière par lequel nous expliquons la réalité des objets concrets de l'ordre phénoménal.

CHAPITRE VI

Le processus fondamental suivant lequel l'esprit constitue ses représentations avec le double caractère de l'étendue et de la durée, est celui de l'unité multiple et de la multiplicité une. — Les deux moments de ce processus ne sont autre chose que l'*analyse* et la *synthèse*.

Commençons cette fois encore par l'espace ; et, puisque nous devons partir du concret, considérons un objet particulier, par exemple un tas de pierres. La question que nous avons à résoudre est celle-ci : comment se constitue pour nous la représentation de ce tas de pierres ?

D'abord, il faut faire remarquer que le tas de pierres n'existe point et n'est rien de réel ; ce qui est réel, ce sont uniquement les pierres ; quant au tas lui-même, il ne possède qu'une existence idéale. Ce qui constitue en fait le tas de pierres, c'est seulement l'acte de mon esprit qui considère toutes ces pierres comme une seule et même chose. A qui pourrait hésiter, ne fût-ce qu'un instant, sur ce point, il suffirait de rappeler qu'il dépend de moi de faire ou de défaire le tas. Si donc le tas était quelque chose en soi, et possédait l'existence à un titre quelconque, il en faudrait conclure que je possède également le pouvoir de créer des êtres et celui de les anéantir. Donc toute la réalité du tas de pierres, et aussi toute la représentation que j'en ai, consiste dans l'acte intellectuel par lequel je considère comme *une* la multiplicité des pierres. Mais ce n'est pas tout. Cette multiplicité à laquelle j'attribue fictivement l'unité, c'est une multiplicité de pierres ; donc, pour penser le tas de pierres, il faut encore que je puisse penser les pierres. Or de quelles pierres s'agit-il ? Evidemment des pierres du tas ; c'est-à-dire que cette unité du tas doit m'apparaître comme une unité multiple, de même que tout à l'heure la multiplicité des pierres m'apparaissait comme une multiplicité une. Constituer en unité la multiplicité des pierres, c'était bien, comme nous l'avons dit, l'œuvre propre de l'esprit ; mais l'opération inverse, celle de constituer en multiplicité l'unité du tas de pierres, n'est pas l'œuvre propre de l'esprit à un degré qui soit moindre ; attendu que le tas de pierres n'est pas plus multiple en lui-même qu'il n'est un. Cela seul est multiple qui est composé d'unités ; c'est-à-dire que la multiplicité du tas suppose l'unité de chacune des pierres qui le composent. Or il est évident que chaque pierre à son tour est un agrégat, un tas, au même titre que le tas de pierres lui-même, le plus ou moins de rapprochement des parties étant ici sans importance ; de sorte que l'unité de chaque pierre lui vient de l'esprit, comme celle du tas de pierres, et pour les mêmes raisons : et, si c'est l'esprit seul qui par sa pensée donne l'unité à chaque pierre, c'est encore lui apparemment qui donne au tas de pierres la multiplicité de ses éléments. Ainsi nous sommes en mesure de dire dès maintenant comment se constitue en nous la représentation du tas de pierres : cette représentation se constitue par un double processus de l'esprit érigeant un quelque chose, un *datum* indéterminé, en unité multiple et en multiplicité une.

Si maintenant l'on veut bien prendre garde que l'exemple du tas de pierres est d'une portée absolument universelle, que tout corps, que toute portion de l'espace petite ou grande est un agrégat de parties plus petites de la même manière que le tas de pierres ; et que par conséquent cette portion est constituée telle, absolument comme était constitué le tas de pierres lui-même, nous en pourrons conclure d'une manière générale, que la représentation des choses sous forme d'étendue résulte d'un double processus de l'esprit, ordonnant l'objet représenté sous les formes de la multiplicité une et de l'unité multiple ; les deux termes de l'opération étant du reste absolument simultanés, aussi nécessaires l'un que l'autre pour que la représentation se constitue, et par là-même tout à fait inséparables, sauf pour l'esprit qui les conçoit individuellement par abstraction.

Ceci posé, il semble bien que nous ayons découvert cette forme fondamentale de la sensibilité que Kant croyait être l'espace lui-même. C'est par ce double processus, ainsi que nous l'avons montré, que nous nous donnons la représentation du tas de pierres, puis celle de la pierre, puis celle du fragment, puis celle de la molécule, et ainsi de suite indéfiniment. On voit bien que ce processus explique tout, et qu'il suffit à tout. Sans doute, comme nous l'avons dit encore, il faut reconnaître un *datum* ; autrement le processus s'exercerait à vide ; mais ce *datum* en lui-même et par lui-même est irreprésentable : il n'est donc qu'une *matière* au sens qu'Aristote et Kant donnent à ce mot, c'est-à-dire un quelque chose qui n'est rien par soi ; — de même que la forme n'est rien par elle-même, et se réduit, si on l'isole, à une pure abstraction ; — mais c'est un quelque chose qui, soumis au double processus de l'esprit, se constituera en représentation : et par conséquent il faut reconnaître que le double processus en question est vraiment une *forme,* comme le *datum* auquel il s'applique est une *matière.*

Quant à la question du mode suivant lequel s'opère cette *schématisation* [1], nous pouvons la considérer déjà comme résolue. La sensation, dans son élément ultime, et par conséquent dans ce qui peut être considéré le plus proprement comme étant sa matière, comporte, nous l'avons vu, une projection dans l'espace à une distance déterminée par des conditions d'ordre anatomique. C'est sur cette matière ainsi extériorisée d'avance que s'exerce l'action schématique de l'esprit, pour constituer des représentations de surfaces planes colorées, et aussi des représentations d'objets à trois dimensions. Ceci du reste se comprendra mieux encore, si l'on veut bien recourir à la fiction des points lumineux

---

[1] Ne trouvant point de terme qui soit consacré par l'usage pour exprimer cette action de l'esprit constituant ses représentations avec une matière donnée, nous nous sommes servi de celui-ci et des autres dérivés du mot « *schème.* » Sans doute chez Kant, qui le premier s'est servi de ce mot et l'a introduit dans la langue philosophique, il a un sens différent, pas assez différent toutefois pour que la liberté que nous avons prise nou ait paru indigne de pardon.

colorés irréductiblement projetés dans l'espace à une distance donnée, et servant par leur accumulation à constituer d'abord des surfaces, puis des volumes. L'action schématique de l'esprit sur la matière de la représentation devient alors extrêmement facile à concevoir.

Ce processus de l'esprit ordonnant la matière de ses sensations sous la double forme de l'unité multiple et de la multiplicité une, a pour résultat immédiat et pour expression parfaite la continuité, qui devient ainsi un caractère essentiel de l'objet de nos représentations visuelles. Sans doute, cette continuité n'est pas absolue, parce qu'alors tous les objets n'auraient pour nous en quelque sorte qu'une seule teinte ; mais, si les différents termes d'une série de couleurs présentent à l'œil l'aspect de la discontinuité, chacun de ces termes individuellement, est continu au contraire ; de sorte que l'on peut dire qu'il n'y a discontinuité que des continus. Cette discontinuité des continus offre peut-être plus d'avantages que la continuité même, pour qui veut mettre en relief le double processus par lequel l'esprit constitue ses représentations ; et c'est pour cela que nous avons choisi, pour y appuyer notre raisonnement, l'exemple d'un tas de pierres, comme nous aurions pu choisir celui d'un échiquier ou de tout autre objet composé d'éléments multiples et discontinus. Mais il faut reconnaître que la surface colorée à teinte plate ou progressivement dégradée est le véritable type, pour les représentations visuelles, de l'action de l'esprit ordonnant la matière de ses sensations par le double processus dont il a été parlé.

Nous venons de voir comment se constitue la représentation visuelle d'une étendue concrète donnée, c'est-à-dire d'un corps, et par conséquent comment naît en nous l'intuition visuelle de l'espace. Il nous reste à montrer comment cette même représentation nous est donnée comme successive, et par là-même est en nous le principe de la notion du temps. Pour cela, il nous suffira de laisser de côté ce qu'une telle représentation a d'objectif, et par conséquent de variable, pour considérer uniquement ce qu'elle a de subjectif. En enlevant à la représentation ce qu'elle contient d'objectif, nous n'en ferons pas disparaître la continuité, puisque la continuité, c'est la forme même que l'esprit lui donne. Rien n'empêche d'isoler par abstraction de la pensée concrète tous les caractères que l'on voudra, mais on ne peut pas lui enlever le caractère de la continuité, parce qu'en le lui enlevant, on l'anéantirait. La pensée est donc essentiellement continue, et cette continuité de la pensée considérée indépendamment de son objet variable, c'est ce que nous appelons sa *durée*.

Dire que le temps est un abstrait de l'espace, voilà qui paraîtra à bien des gens un paradoxe insoutenable, surtout en raison de la tendance naturelle que l'on a à faire du temps et de l'espace des choses en soi. Mais, si l'on veut bien réfléchir que le temps n'est rien autre chose que la représentation du temps, l'espace, rien autre chose que la représentation de l'espace, on sera peut-être plus disposé à accepter que la représentation du temps soit un abstrait de celle de l'espace ; et il en est réellement ainsi. En effet, d'une part, nous n'avons point conscience d'une pensée qui soit vide de tout contenu d'ordre spatial, de sorte que notre intuition du temps est toujours jointe à une représentation de l'espace ; d'autre part, nous n'avons point d'intuition de l'espace qui ne soit une pensée consciente, de sorte que notre intuition de l'espace est toujours doublée d'une intuition du temps. Les deux intuitions sont donc données simultanément dans une représentation quelconque, et la plus complexe des deux enveloppe l'autre : or il n'est pas douteux que la plus complexe des deux soit celle de l'espace, puisqu'elle est à elle seule la représentation tout entière.

Ici une question se pose tout naturellement, et l'on est en droit de se demander pourquoi, s'il en est ainsi, l'intuition du temps est unilinéaire, tandis que celle de l'espace est trilinéaire. Répondre que la première étant abstraite de la seconde doit être nécessairement moins complexe, serait peut-être insuffisant, parce que la raison pour laquelle l'intuition de l'espace est plus complexe que celle du temps n'est pas du tout que l'espace est à trois dimensions ; puis il resterait à montrer pourquoi le temps est unilinéaire plutôt que bilinéaire. Il est préférable à notre avis, de dire que la continuité est un caractère inhérent à la représentation dans ce qu'elle a de plus essentiel et de plus fondamental; et que par conséquent cette continuité de la pensée qui n'est autre que la durée, doit être aussi peu complexe que possible, c'est-à-dire doit être unilinéaire.

Ainsi, par le fait même qu'il ordonne la matière confuse de la sensation en unité multiple et en multiplicité une, l'esprit constitue sa représentation sous la forme de l'étendue pour ce qu'elle a d'objectif, et sous la forme de la durée pour ce qu'elle a de purement subjectif. L'étendue et la durée sont donc des constructions de la pensée, et les notions que nous en avons, de simples données de l'expérience ; c'est dire que, contrairement à l'opinion de Kant, les idées de temps et d'espace sont bien des *concepts,* et pas du tout des *formes a priori* de la sensibilité.

Cette théorie, outre qu'elle rend compte de ces deux caractères de nos représentations qu'on appelle l'étendue et la durée, a encore l'avantage de ramener à un principe commun deux facultés, — du moins on est convenu généralement de les considérer comme telles, — la mémoire et la perception extérieure, et par là-même elle nous délivre de la nécessité de les considérer comme irréductibles.

On sait que la mémoire est définie la faculté du souvenir. Or le souvenir comporte plusieurs éléments ou conditions, qui sont : la reproduction d'un état de conscience antérieur, la reconnaissance de l'état de conscience ainsi renouvelé, et enfin une localisation plus ou moins précise dans le passé de l'état de conscience primitif. De ces trois conditions, la première et la troisième dépendent uniquement de l'association des idées ; seule la reconnaissance n'y est pas réductible ; aussi, pour certains psychologues, ceux de l'école écossaise en particulier, exige-t-elle l'intervention d'un pouvoir spécial et fondamental de l'esprit, qui serait alors la faculté même de la mémoire. Pour la plupart des philosophes au contraire, la reconnaissance s'explique bien, pourvu seulement que nous ayons la notion indéterminée du temps passé, c'est-à-dire en réalité la notion du temps. Mais, cette notion, où la prendre ? Plusieurs reviendront à accepter, pour en rendre compte, une faculté fondamentale, et les Kantiens ne font pas autre chose. Au contraire, en faisant dépendre cette notion de l'expérience, et en expliquant par un principe extrêmement général et extrêmement simple le fait d'expérience qui nous la donne, on ramène à des éléments connus le souvenir dans toutes ses parties, ce qui dispense d'inventer une faculté tout exprès pour l'expliquer, et permet de prendre la mémoire pour ce qu'elle est, c'est-à-dire pour un mot commode qui nous sert à désigner rapidement et clairement toute une catégorie de faits de conscience.

De même pour la perception extérieure. Les perceptions que nous avons du monde sensible ne doivent pas être considérées comme les actes d'une prétendue faculté imaginée *ad hoc*, mais elles résultent, ainsi que nous l'avons exposé, d'un acte de l'esprit ordonnant suivant une forme *a priori* et constante la matière indéterminée et variable de ses représentations.

Ce double processus de l'esprit qui paraît occuper dans l'histoire de notre constitution mentale une place si considérable, se présente quelquefois sous un aspect un peu différent : par exemple, on donne souvent à l'un des deux moments du mouvement rythmique qui le composent le nom *d'analyse*, et à l'autre le nom de *synthèse*.

Pour ce qui concerne l'exactitude du rapprochement que nous indiquons, il ne semble pas qu'on puisse la contester. Qu'est-ce en effet qu'embrasser dans une intuition unique de l'esprit, et considérer comme un seul objet une multitude d'objets divers, sinon synthétiser ? Et considérer un groupe comme une unité multiple dont les parties composantes sont telles et telles, est-ce autre chose qu'analyser ? On pourrait même se demander s'il y a lieu de maintenir l'opposition entre les termes *analyse* et *synthèse*, et ceux qui désignent les deux moments de l'opération que nous avons décrite. Mais nous croyons que cette opposition, ou du moins une certaine distinction doit être maintenue, parce que les mots *analyse* et *synthèse* expriment l'action de l'esprit étudiant un objet dont la représentation est donnée, tandis que notre processus a pour objet et pour terme la constitution de la représentation elle-même. Du reste cette opposition même, lorsqu'on la considère, révèle une identité fondamentale. Ce qui peut donner lieu à une étude, et par conséquent à une application des deux procédés de la méthode générale, l'analyse et la synthèse, c'est évidemment une représentation ; quoique l'on puisse subir l'illusion de croire qu'on a affaire à un quelque chose en soi ; et, d'autre part, ce que le double processus de l'esprit sert à constituer, c'est encore la représentation. Lors donc que nous considérons un objet donné dans la représentation, ce que nous étudions, c'est une œuvre de l'esprit lui-même. Appliquer à cette objet les procédés d'examen, l'analyse et la synthèse, c'est par conséquent pour l'esprit, revenir sur ce qu'il a fait quand il a constitué spontanément sa représentation ; c'est repasser par le même chemin, et revoir avec soin et réflexion ce qu'il a précédemment accompli sans effort. Ainsi l'opposition des termes exprimerait, non pas une différence intrinsèque entre les deux opérations, mais simplement la spontanéité dans un cas, la réflexion dans l'autre.

On voit par là que nous serions mal fondé à prétendre à l'honneur d'avoir fait une découverte. En disant que l'esprit constitue ses représentations sous la double forme de l'unité multiple et de la multiplicité une, nous ne faisons que répéter dans des termes un peu différents ce que l'esprit humain sait et proclame depuis tant de siècles, à savoir que les procédés fondamentaux de la science sont l'analyse et la synthèse. Il était en effet bien certain d'avance que les mêmes procédés qui nous servent à acquérir la connaissance distincte et réfléchie d'un objet représenté ont dû nous servir à constituer la représentation de cet objet ; la science et la réalité étant, non pas deux choses, mais deux aspects différents d'une même chose. Il paraît toutefois que ce point n'avait pas été suffisamment remarqué, puisqu'un penseur tel que Kant a cru trouver la loi suivant lequel la représentation se constitue, dans un principe différent de celui suivant lequel se constitue la science.

Une dernière observation sur ce sujet. Nous avons dit que les deux moments du processus s'impliquent rigoureusement l'un l'autre, se supposent l'un l'autre, et se pénètrent en quelque sorte. Sans revenir en rien sur nos assertions antérieures pour en atténuer ou en modifier la portée, nous devons faire remarquer maintenant que l'unité du multiple dans la représentation exprime plus complètement et plus parfaitement l'esprit que la multiplicité de l'un : et nous l'avons bien vu nous-même, lorsque nous avons montré comment se constitue la représentation du tas de pierres. Considérer l'ensemble des pierres comme un tas, c'est le point de vue de l'unité du multiple ; considérer le tas comme composé de pierres, c'est le point de vue de la multiplicité de l'un ; mais ce second moment du processus qui est contemporain du premier en un sens, — le tas de pierres est une unité multiple au même titre qu'il est une multiplicité une, — lui est pourtant logiquement postérieur en un autre sens, puisqu'il suppose constituée déjà l'intuition des pierres individuelles en tant qu'elles sont unes, et non plus en tant qu'elles sont unes et multiples à la fois. De même, et pour des raisons tout à fait analogues, le point de vue de la synthèse exprime plus parfaitement l'esprit que celui de l'analyse [1]. Du reste, il y aurait une exagération évidente à prétendre que seul il l'exprime. Kant a dit avec profondeur : « *Penser, c'est unir ;* » il semble pourtant qu'on rendrait l'aphorisme plus complètement vrai encore avec un léger changement, en disant : « *Penser, c'est surtout unir.* »

[1] M Ravaisson, dans son *Rapport sur la Philosophie en France au XIXe siècle*, développe admirablement la même idée ; mais il l'appuie sur des considérations d'une tout autre nature que celles qui sont exposées ici.

CHAPITRE VII

Origine de ce double processus. — Ce n'est pas une loi gouvernant du dehors les phénomènes de l'esprit, c'est une loi inhérente à la pensée même. — Identité de l'esprit et de la pensée. — La pensée est une et multiple, parce que l'esprit est un et multiple, c'est-à-dire imparfait, et il ne saurait y avoir lieu de remonter au delà.

Arrivé au terme de cette discussion, nous croyons être en droit d'affirmer que ce que Kant appelait la *Sensibilité*, c'est-à-dire la faculté de la simple représentation, suppose deux formes logiquement préexistantes à la représentation même, et qui en sont les conditions essentielles. Mais ces formes ne sont pas le temps et l'espace, comme le croyait Kant, puisque le temps et l'espace ne sont que des concepts dérivés de l'expérience. Ces formes absolument fondamentales et irréductibles, nous avons cru les trouver dans le double processus par lequel l'esprit constitue la représentation en unité multiple et en multiplicité une. Dès lors une question se présente d'elle-même, qui est celle-ci : d'où vient ce double processus ? quelle est son origine et sa raison d'être dans l'esprit ?

Les questions de ce genre donnent lieu à des solutions qui sont au fond toujours les mêmes, et que l'on peut ranger de prime abord en deux grandes catégories, les solutions sensualistes, et les solutions idéalistes. La solution sensualiste doit être ici écartée sans discussion ; puisque très certainement l'expérience sensible ne peut faire naître en nous des déterminations à penser dont elle suppose l'existence préalable, et sans lesquelles elle-même ne se constituerait jamais. Toute tentative d'explication sensualiste étant écartée, disons-nous, nous sommes tout naturellement amené à chercher une solution, non pas bien entendu dans les livres de Kant, mais dans l'esprit de sa philosophie, c'est-à-dire une solution purement apriorique, et apriorique au sens où le sont, selon Kant, les *Catégories de l'Entendement*.

D'après cela, nous avons à nous demander si le double processus de l'esprit dont il a été parlé ne serait point, comme le veulent ceux des disciples modernes de Kant qui repoussent le noumène, une *loi* gouvernant la schématisation de nos pensées. Sans doute nous devons accepter l'existence d'une telle loi, et nous n'avons pas fait autre chose que l'affirmer nous-même, quand nous avons dit que nos pensées se constituent sous une forme invariable. Mais il reste à s'entendre sur la nature de cette loi. Dans l'esprit de la philosophie kantienne, une loi qui gouverne la pensée, la loi des catégories par exemple, la gouverne en quelque sorte du dehors ; elle est extérieure à la pensée même, et ce n'est rien exagérer que d'aller jusqu'à dire qu'elle lui est hétérogène et irréductible. Or c'est là une conception qui, à dire vrai, nous paraît absolument inacceptable.

D'abord nous serions en droit de demander ce qu'est cette loi, d'où elle vient, quelle est sa raison d'être. Là-dessus, un Kantien est nécessairement muet. Cette loi est un fait primitif et fondamental, dont à ses yeux il n'y a pas à demander la raison ni l'origine. Nous aurons occasion de voir un peu plus tard ce qu'il faut penser d'une pareille fin de non-recevoir. Pour le moment, passons.

Une observation pourtant nous demeure permise. Cette loi n'est pas intelligible, elle ne peut être objet de pensée. Sans doute, sous l'empire de cette loi, nos conceptions prennent une forme intelligible, celle de l'unité multiple et de la multiplicité une ; et cette forme, nous la dégageons ensuite par abstraction de nos conceptions une fois constituées ; mais la loi elle-même demeure inaccessible à la pensée. On la définit, on la détermine par ses résultats, non par elle-même : pour l'esprit, elle n'existe absolument pas. Que si l'on répondait à cela qu'une loi est une abstraction, non une entité ; qu'elle est tout entière dans les faits qu'elle gouverne, et rien du tout en dehors d'eux ; que la loi des faits de conscience est simplement leur caractère commun d'être constitués en unité multiple et en multiplicité une, — et c'est bien ainsi que les Néo-criticistes entendent les lois de la pensée ; — nous demanderions de quel droit on donne le nom de *loi* à un caractère commun ainsi observé dans chacun des termes d'une série de faits donnés. On répondrait, sans doute, que c'est en raison de l'universalité de ce caractère. Mais cette universalité, qui autorise à l'affirmer ? Fera-t-on intervenir une seconde loi de l'esprit pour justifier l'affirmation *a priori* de la première ? Et, si l'on se fonde sur ce qu'en fait toutes nos pensées ont le caractère de l'unité multiple et de la multiplicité une, ne voit-on pas que l'apriorisme ainsi entendu revient absolument à l'empirisme vulgaire ? Du reste, hâtons-nous d'ajouter qu'une pareille manière de voir est totalement opposée à l'esprit du véritable Kantisme. Non, la loi de la pensée, pour Kant, est tout autre chose qu'un caractère commun à tous les faits constatés. Elle est au-dessus et en dehors des faits qu'elle gouverne ; et, quoique Kant ne le dise pas expressément, elle doit avoir sa racine dans le noumène. Ce qui est certain à tout le moins, c'est qu'elle est une entité véritable, et, comme nous l'avons dit plus haut, une entité inintelligible. Mais alors, pourquoi en parler ; pourquoi affirmer l'existence de ce dont on n'a absolument aucune manifestation directe, ni même aucune idée ? Il semble donc bien qu'il y ait lieu de considérer la loi de la pensée comme purement phénoménale, ce qui nous ramène au point de vue du néo-criticisme, lequel à son tour nous ramène à l'empirisme.

Si la loi en vertu de laquelle nos représentations se constituent est quelque chose de réel ; — et, sur ce point, le doute n'est pas possible, cette loi étant à tout le moins aussi universelle et aussi nécessaire que le temps et l'espace ; — et, si cette loi ne gouverne point la pensée en quelque sorte du dehors, étant supposée avoir sa racine dans un noumène inconnaissable, ou au contraire ne résider nulle part, et n'être rien indépendamment des phénomènes qu'elle gouverne ; il reste qu'elle tienne à la pensée même, et exprime d'une façon absolue [1] la

---

[1] Le mot *absolu* a malheureusement en philosophie une

nature absolue de la pensée. Mais, s'il en est ainsi, la pensée est donc quelque chose de plus qu'un simple phénomène, en donnant à ce mot le sens qu'on y attache ordinairement ; c'est-à-dire, elle est donc plus qu'une manifestation passagère d'un quelque chose permanent qui serait l'esprit, plus qu'une ombre mobile de la réalité immuable ? Oui, dirons-nous, elle est plus que cela, car elle est la réalité même, la réalité tout entière.

Que la pensée soit la réalité même, et que rien ne puisse être en dehors de la pensée, c'est ce qui doit paraître évident, pour peu qu'on y réfléchisse. Que sont en effet pour nous les choses, si nous ne les pensons point ? et, si nous ne les pensons point, pourquoi en parler ? Les choses sont donc pour nous uniquement ce que nous les pensons. Et qu'est-ce que nous pensons ? Notre pensée sans doute. On dira : nous pensons l'objet de notre pensée, et cet objet est réel. Oui, répondrons-nous, il est réel en tant qu'objet de pensée, mais non pas en tant qu'objet étranger à la pensée, et subsistant en soi, indépendamment d'elle, d'une

---

multitude d'acceptions diverses. A plusieurs reprises, dans le cours de ce travail, nous avons eu occasion de le prendre dans le sens opposé à celui de *relatif :* ici et désormais nous l'emploierons dans le sens opposé à celui de *phénoménal.*

façon qui d'ailleurs nous est totalement inintelligible. Nous-même l'avons bien vu, lorsque, au début de ce travail, nous avons constaté qu'à vouloir attribuer au temps et à l'espace, et par conséquent aux choses qui durent et aux choses qui sont étendues, c'est-à-dire en réalité à toutes les choses, une existence distincte de celle qu'elles ont dans la pensée, on tombe dans d'inextricables contradictions. Que, sous l'empire d'une illusion peut-être inévitable, nous tendions à prêter aux choses une telle existence, et, comme on dit, à les *objectiver*, soit : mais ce ne peut être là, disons-nous, que le résultat d'une illusion. Ce papier sur lequel j'écris, ces lettres que je trace sont vus par moi, et ce que j'objective par ma pensée, c'est la vision que j'en ai, c'est-à-dire, ma pensée même. Ce que nous pensons, c'est donc bien notre pensée même, et, malgré l'apparence contraire, nous ne pouvons pas penser autre chose.

L'illusion que nous venons de signaler a une raison d'être profonde, et que nous essaierons un peu plus loin de faire connaître ; aussi est-elle commune à tous les hommes, sauf un très petit nombre qui peuvent s'en défendre, et cela uniquement au point de vue spéculatif, car ils la subissent pleinement dans la pratique. Mais cette illusion en engendre bientôt une autre, qui est particulière à un certain nombre de philosophes. Ceux-ci se rendent bien compte que nos représentations sont des actes de l'esprit, et que l'univers est pour nous ce que nous le pensons. Dès lors, comme si, pour cet univers, c'était exister trop peu que d'exister dans la pensée et pour la pensée, ils ont imaginé que ce que nous voyons n'est qu'une apparence sous laquelle se cache la réalité véritable, ou, comme on dit, *la chose en soi*. C'est là une hypothèse peu justifiable à notre avis. La chose en soi n'est en effet qu'un mot vide de sens si elle n'est pas intelligible, et il ne semble pas qu'elle puisse l'être, car être intelligible, c'est pouvoir faire l'objet d'une pensée, et la chose en soi ne peut faire l'objet d'une pensée. Ceux qui prétendent le contraire ne s'aperçoivent pas sans doute qu'ils font entrer l'objet dans la pensée comme le contenu dans le contenant. Mais, si l'on réfléchit que la pensée est elle-même et non pas autre chose, et que l'objet de la pensée c'est encore la pensée, on comprend sans peine que la prétendue chose en soi est inintelligible ; parce qu'elle ne peut être pensée sans être représentée dans un esprit, et qu'il est impossible qu'elle soit jamais identique à une représentation quelconque, étant elle-même par hypothèse autre chose qu'une représentation :

d'où il résulte que, dans sa nature intime et absolue, elle demeure irreprésentable et inintelligible.

La pensée est donc la première et la plus fondamentale des réalités. Elle est même en un sens la réalité unique, puisque tout ce qui est n'est que pour elle et que par elle. Mais, si la pensée *est* plus que tout le reste, c'est qu'elle EST elle-même, au sens le plus complet et le plus positif du mot. Si elle a les caractères de tout ce qui devient, la mobilité, la variabilité, la succession dans la durée, — mais serait-elle vraiment si elle ne les avait pas ? — elle a aussi les caractères opposés, l'immutabilité, l'identité parfaite ; — et il le faut bien, parce que le pur devenir n'est pas plus réel que son contraire : — la pensée, disons-nous, est tout à la fois et indivisiblement phénoménale et absolue.

Le caractère phénoménal de la pensée ne peut être mis en question, et nous ne pensons pas qu'il ait jamais été contesté. Son caractère absolu ne devrait pas l'être davantage, par la raison que chacun de ces deux caractères implique l'autre. Cependant il est bon nombre de philosophes pour qui l'absolu et le phénoménal sont deux caractères qui, loin de se supposer réciproquement, s'excluent au contraire ; et cela, parce que ces philosophes partent de la conception traditionnelle, d'après laquelle la substance serait absolue, et les modes de la substance seraient phénoménaux. Il nous semble donc utile de prouver que la pensée reconnue par tout le monde comme phénoménale doit être en même temps reconnue comme absolue.

Une première preuve peut être tirée de ce fait que la pensée est gouvernée par une loi : du reste, c'est précisément cette considération de la nécessité d'une loi gouvernant la pensée, qui nous a conduit d'abord à affirmer que la pensée doit être absolue en même temps que phénoménale. Cette loi, nous l'avons vu, n'est pas une abstraction ; elle ne réside pas non plus dans une entité différente de la pensée même : dès lors il faut qu'elle soit une pensée, et une pensée qui soit nôtre, et une pensée absolue, puisque, pour être une pensée, la loi ne perd pas son caractère de loi, c'est-à-dire qu'elle demeure immuable, éternelle, absolue. Mais cette pensée absolue qui est nôtre, où est-elle? Nous n'en avons point conscience en tant que pensée absolue, et il serait contradictoire que nous en eussions conscience. Puis, comment concevoir une pensée qui soit la loi de toutes les autres ? Nous avons reproché à Kant de faire des deux formes de la sensibilité, le temps et l'espace, une pensée avant la pensée ; ne tombons-nous pas nous-même dans une erreur toute semblable ?

Une simple observation lèvera ces difficultés. La loi que nous considérons gouverne, disons-nous, la pensée phénoménale. La pensée phénoménale, en même temps qu'elle est elle-même, contient donc pleinement et parfaitement la loi qui est aussi une pensée. D'autre part, il n'y a rien dans la pensée phénoménale qui échappe à cette loi ; ce qui revient à dire que cette pensée absolue qui est la loi universelle de nos pensées, et une pensée phénoménale quelconque sont absolument coextensives ; et, comme la pensée réelle est simple et non pas double, nous en devons conclure que la pensée phénoménale et cette pensée absolue qui est la loi de la pensée phénoménale sont une seule et même chose à des points de vue différents. Donc une pensée quelconque est en même temps et indivisiblement phénoménale et absolue.

La même conclusion s'impose à l'esprit, si l'on considère quelle est cette loi à laquelle obéit la pensée. L'objet extérieur, avons-nous dit, est essentiellement un et multiple ; mais l'objet extérieur n'est pas autre chose que la pensée elle-même objectivée ; par conséquent, si nous reconnaissons l'objet extérieur comme un et multiple, nous devons reconnaître la pensée comme une et multiple de la même manière, c'est-à-dire comme à la fois phénoménale et absolue ; l'un et le multiple étant simplement d'autres noms de l'absolu et du phénoménal.

En tant que phénoménale et multiple, notre pensée devient la multitude sans fin de nos pensées variables ; en tant qu'une et absolue, elle est immuablement identique à elle-même ; et, si on la considère particulièrement à ce second point de vue, qui du reste est tout à fait inséparable du premier, elle est ce que l'on nomme l'ESPRIT.

Ainsi, après avoir tout ramené à la pensée, nous y ramenons l'esprit lui-même. Si les Eléates avaient eu à concevoir l'esprit comme une pensée, et à le définir comme tel, ils l'eussent défini une pensée immobile excluant tout changement et toute diversité : et cette idée est au fond celle de toutes les personnes qui acceptent la notion vulgaire de la substance. Héraclite au contraire eût défini l'esprit une pensée essentiellement variable et mobile, qui devient sans cesse sans être jamais ; et c'est la conception que s'en font les phénoménistes. Pour nous, il nous semble que la vérité est beaucoup plutôt avec Platon, lorsqu'il enseigne que Dieu forma l'âme humaine et l'univers tout entier au moyen des deux principes contraires, *le même* et *l'autre*. Et, remarquons-le bien, l'âme fut constituée, suivant Platon, non point par une simple juxtaposition, mais par un mélange des deux éléments, mélange le plus intime qui se puisse concevoir ; de sorte que l'on n'y trouverait aucune parcelle qui étant *la même* ne fût également *autre,* aucune qui étant *autre* ne fût aussi *la même*. Nous ne séparons donc point l'esprit et la pensée. L'esprit est un sans doute, mais aussi il est divers. Il n'est point le substratum de la pensée, immobile pendant qu'elle varie ; il est la pensée même. Ces deux termes *pensée* et *esprit* expriment une seule et même chose, sauf une certaine différence des points de vue ; le terme *pensée* servant à désigner cette chose plutôt pour ce qu'elle est mobile et variable, le mot *esprit*, plutôt pour ce qu'elle est identique et immuable.

Sans doute, et nous ne devons pas nous le dissimuler, à tous ceux qui s'obstinent à attribuer à l'être l'unité et l'immutabilité comme caractères essentiels et à l'exclusion de leurs contraires, nous paraîtrons nier l'existence réelle de l'esprit. Pourtant, ce que nous nions, c'est simplement une chimère, la conception étrange d'un esprit dont la pensée ne serait pas tout l'être, et qui pensant sans interruption, je le veux bien, penserait néanmoins en quelque sorte par accident, un peu comme pourrait le faire « *une pierre pensante,* » suivant la très juste expression d'Aristote. Ceux qui tiennent pour cette *chose en soi*, devraient bien cependant songer que, si l'esprit est autre chose que ses phénomènes et en dehors d'eux, comme les phénomènes seuls se manifestent, et seuls par conséquent peuvent être affirmés, il est une hypothèse et une hypothèse vide ; et que, si l'esprit n'est pas tout entier dans chacun de ses phénomènes, la partie de l'esprit qui n'est pas phénoménale demeure en dehors de la connaissance ; de sorte que toute cette partie de l'esprit qui est au-dessous ou au delà de la simple pensée phénoménale est pour nous un monde totalement inconnu. — Mais la raison, dit-on, nous force à affirmer cet au delà. — Comme si la raison pouvait nous forcer à affirmer ce dont nous n'avons aucune idée ! Puis, n'est-il pas évident que si l'esprit est, il faut avant tout qu'il soit pour lui-même, c'est-à-dire qu'il se pense ; et comment veut-on qu'il se pense en dehors de la série de ses pensées, c'est-à-dire de ses phénomènes ? Donc l'esprit est pour lui-même, et par conséquent il est, absolument parlant, sa pensée dans laquelle il se pense, et rien autre chose.

L'erreur que nous combattons ici, et qui a pénétré dans un si grand nombre d'esprits, tient, comme nous venons de le dire, à une conception très répandue mais très fausse de la nature de la substance et de celle du phénomène. On considère généralement la substance comme quelque chose d'essentiellement immuable, et le phénomène comme quelque chose d'essentiellement mobile; et l'on se borne à admettre entre eux un lien, sans songer que ce lien est inintelligible, du moment que la substance est supposée être le substratum du phénomène et même le produire; attendu que l'on ne voit pas bien comment la substance pourrait produire le phénomène sans devenir elle-même phénoménale. Cette conception enferme une autre contradiction encore, et celle-ci tout à fait évidente. La substance et le phénomène sont tous deux supposés durer, et l'on ne songe pas que durer, c'est tout à la fois être le même et être divers; de sorte que la prétendue substance ne dure point, puisqu'elle est immuable, et que le phénomène ne dure pas davantage, parce que le phénomène, par définition, n'est pas le même deux instants consécutifs de la durée. Ainsi la conséquence de cette doctrine, c'est que rien ne dure, ni la substance ni le phénomène, et que le mot *durée* ne répond à rien de réel. Nous devons donc conclure d'une façon générale à l'identité de nature de la substance et du phénomène, et, pour le cas particulier qui nous occupe, reconnaître la pensée phénoménale comme étant l'esprit lui-même et l'esprit tout entier.

Dès lors la question dont nous cherchions la solution : quelle est l'origine et la raison d'être de la loi constitutive des phénomènes de la sensibilité? est résolue. Toute intuition sensible, toute pensée en général est essentiellement constituée, tant au point de vue du sens externe qu'au point de vue du sens interne, sous la double forme de l'unité multiple et de la multiplicité une ; et cela par la raison que l'esprit est identique à la pensée même, c'est-à-dire qu'il est à la fois phénoménal et absolu, et par conséquent essentiellement un et multiple. Tant que, conformément à une opinion qui compte de nombreux partisans, nous pouvions considérer la pensée comme l'acte propre d'un sujet différent d'elle-même et logiquement antérieur, la question de l'origine de la loi suivant laquelle elle se constitue se posait nécessairement. Du moment au contraire où il a été reconnu que la pensée est elle-même le fait primitif et fondamental, il n'y a plus lieu à demander pourquoi elle est telle : elle est telle, évidemment, parce qu'elle est imparfaite ; mais, sans entrer dans cet ordre de considérations, il doit nous suffire de dire : elle est parce qu'elle est ; et il y aurait absurdité à vouloir remonter plus haut.

CHAPITRE VIII

La théorie précédente soulève une question grave : comment expliquer qu'une même pensée puisse donner lieu tout à la fois à l'intuition du temps et à celle de l'espace ? ou, en d'autres termes : d'où vient l'intuition simultanée du moi et de l'univers ? — Ce que devient cette double intuition chez des esprits inférieurs, et chez des esprits supérieurs à celui de l'homme.

La pensée, disions-nous tout à l'heure, se constitue avec le double caractère de l'unité multiple et de la multiplicité une, parce que l'esprit qui n'est rien autre chose que la pensée même, est dans son fond, dans son essence intime et absolue, à la fois un et multiple, identique et divers. Or il est certain que cette solution bonne peut-être vu l'aspect sous lequel le problème nous est apparu jusqu'ici, nous laisse en présence d'une difficulté redoutable. Si la pensée c'est l'esprit lui-même, on peut bien concevoir à la rigueur que la pensée une et multiple se présente sous la forme du temps, ou encore sous celle de l'espace ; — en tenant compte, bien entendu, de cette vérité que le temps et l'espace ne sont rien en dehors de la pensée ; — mais ce que l'on a peine à concevoir, c'est que la pensée se présente sous ces deux formes à la fois. Pourquoi deux faces au phénomène de conscience ? Pourquoi cette opposition de deux séries dont l'une apparaît comme se développant dans le temps, et l'autre comme se développant dans l'espace ? Evidemment il a fallu, pour produire cette opposition, une sorte de scission dans la pensée telle que nous avons été amené à la concevoir d'après les considérations qui précèdent. Mais alors d'où vient cette scission de la pensée nécessaire pour expliquer la dualité qui s'y manifeste ?

La question qui se pose devant nous dans ces termes, c'est, tout le monde l'aura reconnu, la question des rapports du moi et du non-moi, de l'esprit et de l'univers. Qu'est-ce en effet que la durée, sinon le caractère essentiel et fondamental des phénomènes du moi ? Qu'est-ce que l'étendue, sinon le caractère essentiel et fondamental de tout ce qui m'apparaît comme extérieur à moi ? Or nous avons dit que les intuitions de l'étendue et de la durée sont engendrées simultanément par un seul et même processus de l'esprit. La question de l'opposition du temps et de l'espace qui sollicite en ce moment notre examen, est donc précisément la même que celle de la dualité du moi et de l'univers extérieur. Nos principes doivent fournir et fournissent en effet, nous le croyons du moins, un moyen de la résoudre.

La pensée, nous l'avons vu, est tout à la fois une et multiple. Considérons de quelle façon il est possible d'entendre l'union dans la pensée de deux caractères qui semblent s'exclure d'une façon aussi absolue, et voyons ce que cette union implique. Devons-nous admettre que, dans la pensée, ces deux caractères de l'unité et de la multiplicité demeurent entièrement confondus ? Mais, d'une part, si l'unité est ainsi pénétrée de multiplicité, il est manifeste qu'elle devient elle-même multiplicité pure, et s'évanouit en tant qu'unité ; et d'autre part, si la multiplicité a le caractère de l'unité véritable, comme ce caractère n'admet pas de degrés, il est certain qu'elle devient unité pure, et disparaît en tant que multiplicité. Ainsi, quelle que soit celle des deux faces de la question que l'on envisage, dans l'hypothèse d'un mélange intime de l'unité avec la multiplicité, et d'une pénétration absolue de l'une par l'autre, la pensée cesse d'être. Et pourtant l'unité de la pensée est essentiellement une unité multiple, de même que sa multiplicité est essentiellement une multiplicité une ; de sorte que les deux caractères de l'unité et de la multiplicité y sont inséparables. Comment concilier des conditions aussi contraires, des nécessités aussi opposées ? La difficulté paraît grande. Cependant la sensibilité nous fournit constamment des intuitions où elle est résolue. Le premier objet sensible venu réalise pour nous d'une manière parfaite l'unité multiple qui demeure unité, et la multiplicité une qui demeure multiplicité. Une maison est un amas de pierres, sans cesser d'être une maison ; un amas de pierres peut former une maison, sans cesser d'être un amas de pierres. Mais c'est que la considération de cet objet unique en soi comporte réellement deux points de vue qui s'opposent l'un à l'autre. La maison, c'est cet objet surtout en tant qu'il est un, ce qui n'empêche pas la maison d'être un amas de pierres : l'amas de pierres, c'est cet objet encore, surtout en tant qu'il est multiple, ce qui n'empêche pas l'amas de pierres d'être une maison. Entre ces deux points de vue de l'objet, il n'y a pas de milieu : c'est à moi à choisir, et, suivant le choix que je ferai, l'objet, quoique essentiellement un et multiple à la fois, m'apparaîtra comme surtout un, ou comme surtout multiple.

Dès lors nous pouvons comprendre ce que doit être la pensée pour réaliser les deux conditions qui viennent d'être énoncées, c'est-à-dire d'être une sans cesser d'être multiple, et d'être multiple sans cesser d'être une. Il faut, ainsi que nous le disions plus haut, qu'il s'y produise comme une sorte de scission entre deux termes, dont l'un exprimera cette pensée même surtout en tant qu'elle est une, et l'autre, cette pensée encore surtout en tant qu'elle est multiple; cette unité d'ailleurs n'allant jamais sans quelque multiplicité, ni cette multiplicité sans quelque unité. Ajoutons que ces deux termes seront nécessairement inséparables l'un de l'autre, puisque la pensée n'est constituée que par leur opposition, et qu'elle n'est pas autre chose que ces deux termes en couple. Du reste ils devront donner lieu à deux représentations distinctes quoique indissolublement unies; autrement ils ne s'opposeraient pas réellement l'un à l'autre. Mais cette scission est-elle possible? Nous répondrons: elle se fait d'elle-même, puisque la réalité effective de la pensée la suppose, comme nous venons de le dire; et il nous suffira de montrer comment elle se fait. Pour cela, nous aurons à considérer simplement que la pensée en tant qu'une est immuable et toujours elle-même; et qu'en tant que multiple, elle est mobile et toujours autre qu'elle-même. Il y a donc bien là deux termes qui s'opposent l'un à l'autre, et qui doivent tendre à se constituer en deux représentations distinctes, puisqu'enfin, dans la pensée, il n'y a rien autre chose que la pensée même, et qu'un élément d'une pensée est toujours une pensée. Mais l'unité du premier terme ne va pas sans quelque multiplicité, et c'est à la condition expresse d'être multiple qu'elle peut devenir représentable ; de même la multiplicité du second ne va pas sans quelque unité, et par conséquent elle doit prendre dans la représentation le caractère d'une multiplicité une. Nous trouvons donc parfaitement remplie dans la pensée la condition essentielle pour qu'elle puisse être à la fois une et multiple ; c'est-à-dire que l'on y peut considérer deux points de vue opposés, dont le premier l'exprime surtout en tant qu'elle est une, et le second l'exprime surtout en tant qu'elle est multiple ; ces deux points de vue d'ailleurs demeurant inséparables.

Mais qu'est-ce que la pensée en tant qu'elle est une ? Nous l'avons dit, c'est l'esprit lui-même en tant qu'il est un, absolu, identique ; et la pensée en tant qu'elle est multiple, c'est l'esprit encore, en tant qu'il est multiple, phénoménal et divers. Ceci posé, on comprend bien que ces deux termes ne peuvent pas avoir même valeur en tant qu'ils expriment l'esprit l'un et l'autre. Quoique le premier suppose le second comme le second suppose le premier, celui-ci pourtant exprimant l'esprit surtout en tant qu'il est un, immuable, absolu, l'exprime nécessairement mieux dans sa nature intime et fondamentale. Aussi est-ce dans ce premier terme que l'esprit prenant conscience de soi s'affirme et dit *Moi* : l'autre, considéré seulement comme l'opposé du premier, apparaît alors comme un *Non-moi* ; mais, comme il est possible de l'envisager seul et indépendamment du premier terme, si nous le considérons en lui-même et que nous lui attribuions une existence absolue, il devient pour nous l'*Univers*.

Par là se trouve expliquée la dualité de la pensée sous les formes du temps et de l'espace. Le temps c'est la forme que prend l'unité multiple du moi ; l'espace c'est la forme que prend la multiplicité une de l'univers. En même temps on comprend fort bien l'unité de toutes les durées constituant un même temps, et celle de toutes les étendues constituant un même espace. La vie de l'esprit n'est en effet qu'un mouvement, une évolution continuelle de la pensée identique à l'esprit lui-même. Le temps est la continuité abstraite de cette évolution envisagée du côté du moi ; l'espace, la continuité abstraite de la même évolution envisagée du côté du non-moi. L'unité de l'un et de l'autre est donc pour nous absolue, et même leur multiplicité nous serait incompréhensible.

Le raisonnement par lequel nous essayons d'établir la nécessité d'une opposition dans la pensée entre deux termes dont l'un s'affirmera comme Moi, l'autre comme Non-Moi, paraît au premier abord s'appliquer à une pensée quelconque, et par là même la loi qu'il démontre semble devoir posséder le caractère de l'universalité absolue. Cependant cette opposition implique une condition essentielle : il faut, pour qu'elle ait lieu, que chacun des deux termes subsiste en présence de l'autre, ce qui peut bien n'arriver pas toujours. Considérez une pensée quelconque : la scission dont nous parlions tout à l'heure s'y produira nécessairement ; c'est-à-dire qu'il s'y développera en quelque sorte deux pôles, vers chacun desquels tendra à se constituer une représentation distincte de la représentation opposée. Si l'on considère d'abord le pôle de la multiplicité, on conçoit bien sans doute que la représentation puisse, dans certains cas, n'y avoir qu'un assez faible éclat. Il suffirait pour cela, par exemple, que la nature intime et absolue de l'esprit s'accusant dans sa pensée avec une puissance très grande, la représentation constituée au pôle de l'unité éclipsât plus ou moins complètement l'autre ; et c'est là vraisemblablement ce qui doit se produire chez des esprits très supérieurs à celui de l'homme : mais ce n'est pas le cas de l'homme lui-même, ni celui d'aucun des esprits dont l'homme peut concevoir le mode de représentation par analogie avec le sien propre. Il y aura donc nécessairement et toujours chez l'homme et aussi chez l'animal, constitution de la représentation au pôle de la multiplicité, et par conséquent il s'y formera toujours quelque intuition, nous ne disons pas d'un non-moi, mais au moins d'un univers.

Au pôle opposé de la pensée, il pourra n'en être pas de même. Pour que la conception d'un moi s'y constitue, il faudra qu'il s'y trouve quelques éléments exprimant la pensée en tant qu'une, et sans doute il s'en trouvera toujours ; mais, si ces éléments sont trop peu consistants, la représentation à laquelle ils donneront lieu pâlira devant celle du pôle adverse, et s'y absorbera loin de s'opposer à elle. Il est donc nécessaire, disons-nous, pour que les deux termes corrélatifs le moi et le non-moi se manifestent dans la pensée, que celle-ci ait une unité, une cohésion suffisante. Mais, pour que la pensée ait cette unité et cette cohésion, il faut que l'esprit ait la puissance de la lui donner ; — car rien ne nous empêche de considérer ici l'esprit comme l'agent de la pensée ; — de sorte que l'on comprend bien que l'esprit prenne conscience de soi dans sa pensée, s'il a eu la puissance de donner à cette pensée une unité et une cohésion suffisantes ; tandis qu'un esprit qui ne possède pas cette puissance est condamné à s'ignorer éternellement lui-même, et à ne jamais pouvoir dire *je* ni *moi*.

Cet état est celui de l'animal. L'animal ne dit jamais *je* ni *moi*, parce qu'il n'a pas la puissance intellectuelle nécessaire pour constituer une pensée dans laquelle il lui soit donné de prendre conscience de lui-même. Aussi sa vie est-elle comme un rêve sans fin, son esprit, comme un miroir devant lequel passeraient des objets sans nombre donnant lieu à une série d'images sans suite ni lien entre elles. Impossible de fixer, ne fut-ce qu'un instant, ces représentations fugitives ; impossible d'en évoquer une qui puisse servir à rendre compte d'une autre. Un tel esprit est le théâtre de ses pensées, beaucoup plus qu'il n'en est l'agent véritable. L'homme, du moins à l'état normal, est capable au contraire de constituer une pensée dans laquelle il entre en possession de soi ; et lorsqu'il se possède ainsi, il se gouverne. Alors l'esprit s'affirme lui-même dans sa réalité absolue ; il dit *moi*, et se pose comme sujet en face de l'univers dont il fait un non-moi et un objet. Par cette pensée plus intime et plus profonde dans laquelle il prend vraiment conscience de soi, l'esprit s'empare de la direction de ses autres pensées, de celles qui ont plutôt le caractère objectif et représentatif ; il en arrête la course naturellement vagabonde ; il s'attache à l'une d'elles, non pas pour la concentrer, comme on le dit quelquefois, mais pour la forcer à évoluer autour d'un point fixe, jusqu'à ce que, grâce à cet effort prolongé, ce point apparaisse avec la plus grande clarté et la plus grande netteté possibles. C'est là le phénomène de l'*attention*. Cette action exercée par la pensée à un haut degré de tension et de concentration sur la pensée faiblement constituée et simplement représentative, c'est l'acte volontaire ; et ce gouvernement de la pensée représentative est, à notre avis, l'œuvre propre de la volonté, beaucoup plutôt que le choix entre deux partis contraires, et surtout que l'effort pour réaliser l'un d'eux. Chez l'animal, rien de semblable ; le pouvoir volontaire fait absolument défaut, du moment qu'aucune pensée ne peut se constituer avec une intensité suffisante pour que l'intuition du moi puisse s'y opposer à la représentation et diriger cette dernière : dès lors plus d'attention au sens véritable du mot ; la représentation domine l'esprit au lieu d'être dominée par lui ; tout est soumis au joug de puissances qu'on peut appeler véritablement extérieures. Ainsi la condition unique, nécessaire et suffisante pour atteindre à la notion du *moi,* c'est une certaine puissance de cohésion et de concentration de la pensée. L'animal n'a pas cette puissance ; là est la seule cause de son infériorité à tous les points de vue. La différence fondamentale entre l'homme et lui n'est pas de nature, mais de degré seulement. Toutes les différences secondaires doivent pouvoir s'expliquer, et s'expliquent en effet par celle-là.

Les différences intellectuelles entre les hommes n'ont pas une autre origine. Le génie en effet n'est pas autre chose qu'une éminente supériorité d'esprit, et cette supériorité paraît tenir principalement à la puissance de concentration de la pensée. On comprend bien que, lorsque cette puissance est considérable, l'esprit puisse se replier sur lui-même et prendre conscience de soi à un degré que n'atteint pas le commun des hommes. Car, si nous avons pu dire plus haut que l'esprit est en un sens tout entier dans chacune de ses pensées, il est pourtant vrai de dire qu'il y est en un autre sens à des degrés différents ; puisque évidemment il ne peut y être qu'autant que cette pensée est elle-même, c'est-à-dire en raison de l'intensité avec laquelle elle a été constituée. Et cette plus parfaite conscience de soi, est-ce autre chose qu'une plus lumineuse aperception de l'être lui-même dans sa nature véritable et dans son essence ? On comprend donc, disons-nous, que de cette pénétration plus intime de l'esprit par lui-même, de ce contact plus immédiat de la pensée avec le vrai foyer de la vie et de l'être, résulte cette puissance de conception qui est le caractère distinctif du génie, et qui, diversement exercée en raison d'aptitudes diverses et étrangères à l'ordre proprement intellectuel, produit chez le savant, les identifications profondes aboutissant à de brillantes découvertes ; chez l'artiste, ces grandes créations poétiques ou autres qui sont de tous les temps, parce que, procédant d'une plus haute intuition de l'esprit absolu, elles expriment en perfection l'homme universel.

De l'homme de génie à l'homme vulgaire, la différence capitale paraît donc être dans la puissance de concentration et de synthèse avec laquelle se constitue la pensée. De l'homme vulgaire à l'animal, la différence est encore de même nature, mais cette fois beaucoup plus considérable, puisque, chez l'animal, le moi disparaît avec la personnalité et la responsabilité, tandis qu'il s'affirme encore, même chez les représentants les plus dégénérés de l'espèce humaine.

A l'extrémité opposée des choses, dans un esprit parfait et infini, le moi avec le non-moi doit également disparaître, et toute distinction de sujet et d'objet, de la personne et de l'univers s'évanouir. Il est certain que nous pouvons concevoir un esprit possédant une puissance illimitée de concentration sur lui-même. Dans un tel esprit, cette sorte de mouvement par lequel toute pensée imparfaite se replie sans cesse sur soi, se cherchant toujours dans sa nature intime et absolue sans réussir à se trouver jamais, et se développant par le fait même de ce travail en une multiplicité sans fin de représentations qui pour elle constituent l'univers, dans un tel esprit, disons-nous, cette sorte de mouvement a disparu. Il reste une pensée immuable, et cette pensée, en raison de son immutabilité, est pure et sans autre objet qu'elle-même : c'est LA PENSÉE DE LA PENSÉE [1].

Il suit de là que Dieu n'est point une per-

---

1. Aristote, *Métaphysique*, liv. XII, 255, l. 13.

sonne. Non pas sans doute qu'il soit une pensée diffuse travaillant au plus profond des choses et s'ignorant elle-même, comme le veulent la plupart des Panthéistes. Ce n'est pas davantage une entité vide comme l'*Un* de Parménide et des Alexandrins ; c'est une pensée concrète et vivante comme la nôtre à qui elle a donné l'être, mais ce n'est pas une pensée personnelle, parce qu'elle est au-dessus de la personnalité. Qu'est-ce en effet que la personnalité, sinon le pouvoir de prendre en main le gouvernement de son existence, de se créer un idéal et d'y tendre, d'entrer en lutte contre les exigences fatales d'une nature encore imparfaite, et d'opposer à l'amour de soi qui est la loi de cette nature l'amour désintéressé de la perfection réelle et absolue ? La personnalité sans doute est l'attribut le plus éminent de l'homme et de tous les êtres supérieurs à l'homme quoique imparfaits encore, s'il en existe, ce dont nous ne pouvons guère douter ; elle ne peut être un attribut de Celui qui est la Perfection même. Pour cette Perfection, il n'existe ni moi, ni univers, ni nature, ni rien autre chose que la connaissance absolue et la pure contemplation de soi.

Qu'avec une telle conception de l'essence et de la pensée divines, l'existence d'êtres finis demeure inexplicable, nous ne le nions pas. Mais peut-il en être autrement ? Les philosophes qui prétendent résoudre rationnellement et par voie de déduction régulière le problème des rapports de Dieu et du monde, peuvent se ranger en deux catégories. Les premiers, qui sont les plus conséquents, considèrent le monde comme une émanation directe et un produit nécessaire de l'activité divine, ce qui leur permet effectivement d'affirmer un rapport purement rationnel entre Dieu et le monde, et de passer à volonté par une série de déductions logiques, de Dieu au monde ou du monde à Dieu : ce sont les Panthéistes. Les autres sont bien éloignés de considérer le monde comme une émanation de la nature divine ; ils ont même en horreur une telle doctrine. Aussi n'admettent-ils point que l'existence du monde puisse se déduire logiquement de l'existence de Dieu. Cependant, par une inconséquence singulière, la même série déductive qu'ils se refusent à descendre, ils se croient parfaitement en droit de la remonter, et pensent que l'on peut *démontrer* l'existence de Dieu en partant de l'existence du monde. Mais cette contradiction n'est pas la seule où ils s'engagent. Le Dieu dont ils prétendent démontrer ainsi l'existence, c'est un Dieu créateur et auteur du monde, pensant le monde par conséquent d'une façon qui lui est en quelque sorte naturelle, et sans déroger en quoi que ce soit à la perfection et à l'infinité de son essence; c'est-à-dire, en réalité, un Dieu infini qui produit des œuvres finies et des pensées finies, un Dieu qui n'est Dieu qu'à moitié. Cette grande contradiction du Panthéisme qui consiste à admettre une coexistence naturelle du fini et de l'infini en Dieu, les philosophes dont nous parlons y tombent donc pleinement.

Mais quelle serait la solution à ce terrible problème de l'existence des êtres finis? La solution existe, mais elle n'est pas de nature à faire l'objet d'une démonstration rigoureuse ; c'est que Dieu qui n'est point créateur par essence s'est fait créateur par amour; qu'il lui a plu d'amortir en quelque sorte la toute-puissance et l'infinité de sa pensée, afin d'y introduire la multiplicité, et par là même la conception d'un univers; c'est que, sans cesser d'être Dieu, il s'est abaissé jusqu'à porter dans sa pensée des créatures auxquelles il a bien voulu ensuite donner l'existence, afin qu'elles devinssent par sa possession, et dans la mesure de leurs forces, heureuses et parfaites comme lui. Cette solution du reste est bien celle des philosophes dont nous parlions tout à l'heure, c'est bien celle qu'ils acceptent, et qu'ils opposent au Panthéisme, lorsqu'il s'agit d'expliquer les existences finies et contingentes. Mais alors, pourquoi vouloir prouver par des raisons logiques l'existence de Dieu, en partant de l'existence du monde ? Si véritablement l'acte par lequel Dieu a donné l'être au monde est un acte de liberté et d'amour, de même aussi l'affirmation par laquelle nous remontons de ce monde à son Auteur ne peut être qu'un acte de liberté et d'amour. Un acte de liberté ne peut pas, par sa nature même, être rattaché à un antécédent logique quelconque ; et ce qui, dans son origine, n'est pas d'ordre rationnel, ne saurait être établi rationnellement. C'est par amour que Dieu a créé le monde ; c'est par amour encore que le Fils de Dieu s'est incarné dans l'humanité ; et sans nul doute ces deux vérités n'en font qu'une : aussi est-ce une erreur grave de considérer l'une comme plus susceptible de démonstration que l'autre. Celui qui affirme la première, comme celui qui s'incline devant la seconde, fait acte de croyant : il fait même, en un sens, acte de philosophe, car c'est l'objet propre de la philosophie de chercher et d'offrir à l'esprit humain des solutions qui puissent le satisfaire pour toutes les questions où l'expérience et le raisonnement n'en fournissent point de positives : il fait donc, disons-nous, acte de philosophe, mais, à coup sûr, il ne fait pas acte de savant ni de logicien.

C'est pour cette raison que le Dieu de la *Métaphysique* nous paraît si supérieur à celui du *Timée*. Le Dieu du *Timée* est une conception que la raison réprouve, parce que les contraires y coexistent et s'y confondent, parce qu'un tel Dieu est essentiellement et tout à la fois être et non-être, perfection et imperfection, immutabilité absolue et devenir sans fin. Le Dieu d'Aristote est au contraire une conception que la raison humaine peut avouer, la seule qu'elle puisse avouer, à notre avis. Sans doute cette conception n'est qu'une conception ; c'est le terme suprême vers lequel la pensée remonte d'elle-même, et dans lequel elle se repose ; c'est un idéal sublime entrevu par elle, ce n'est pas une existence dont la réalité lui soit démontrée. Cependant, si par un acte de foi, nous voulons affirmer l'existence réelle de cette Pensée qui se pense éternellement elle-même, nous le pouvons : mais, dans ce cas, il nous faut du même coup affirmer l'acte de bonté et d'amour par lequel cette Pensée a voulu donner l'être à d'autres pensées participant de sa perfection à des degrés divers ; et alors notre acte de foi devient en même temps un acte de haute raison, puisqu'il constitue une adhésion à la seule solution qui soit acceptable du problème de l'existence des choses. Comment dans cette Pensée divine qui est par essence la Pensée d'elle-même, la pensée du monde créé peut-elle entrer ? Voilà à la vérité ce qui demeure incompréhensible. Mais, s'il y a là un mystère dont notre raison ne peut légitimement espérer qu'elle soulèvera jamais le voile, au moins n'y a-t-il pas de contradiction. Comment Dieu connaît et pense le monde, c'est le secret de son amour. Ce secret, la raison humaine se sent impuissante à le pénétrer, mais du moins n'y voit-elle rien qui lui paraisse contraire à ses lois fondamentales.

CHAPITRE IX

Le problème des Catégories. — Les jugements de Catégories ne peuvent être que l'extension à la totalité des choses extérieures des attributs de l'esprit lui-même. — Comment l'esprit prend conscience de ses attributs, et comment il en applique les notions aux choses extérieures. — Comment il nous est possible de dégager ces notions des jugements qui les contiennent pour les faire entrer dans la science. — De cette façon, on donne à l'ontologie l'expérience pour base, mais la chose est nécessaire. — Le spontané, dans l'intuition et dans la conception, dans la constitution de la représentation par la sensibilité, et dans celle de la connaissance par l'entendement, contient tout à la fois le secret de l'esprit et celui de l'univers.

Maintenant que le moment semble venu de clore toute cette discussion et de conclure, il nous sera permis de jeter un regard en arrière, et de revoir un instant par la pensée les étapes principales du chemin parcouru. Après avoir reconnu avec Kant que le temps et l'espace sont de pures données de la représentation, nous avons soutenu contre lui qu'ils n'en sont pas des formes *a priori*, mais de simples concepts dérivés de l'expérience, et que la représentation qui les contient a dû être constituée elle-même *a priori*, suivant une forme tout autre. Nous avons recherché ensuite quelle était cette forme, e nous avons montré qu'un seul et même processus fondamental suffisait à expliquer comment les intuitions du sens interne nous apparaissent comme répandues dans le temps, et celles du sens externe comme répandues dans l'espace : puis nous avons vu que ce processus permettait encore de rendre compte de l'opposition même de ces deux séries d'intuitions. Toutes les questions que comportait notre sujet semblent par là avoir été explorées et étudiées, sinon résolues. Notre tâche est donc terminée. Et pourtant nous avons été entraîné par les nécessités de la discussion à entrer si avant dans les questions les plus importantes que soulève une théorie générale de la connaissance ; il nous reste, à ce qu'il semble, si peu de chose à faire pour être en mesure de donner, à défaut d'une étude complète, une simple esquisse de la théorie des Catégories, ou tout au moins d'indiquer avec une précision suffisante de quelle façon nous comprenons le problème, que l'on serait en droit, si nous ne l'essayions pas, de nous reprocher un manque de courage.

On sait comment et dans quelles conditions

se présente le problème des Catégories. L'intuition sensible étant supposée toute constituée d'avance, nous avons à coordonner les représentations multiples que nous fournit la sensibilité, et à faire de leurs rapports de véritables objets de connaissance ; c'est-à-dire, en réalité, à constituer un univers qui soit autre chose qu'une mauvaise tragédie composée d'épisodes mal reliés entre eux, et dans lequel au contraire la pensée puisse toujours se retrouver elle-même. Le problème des Catégories, une fois admis ce principe capital de Kant que les choses en tant que représentées dépendent de l'esprit, et non pas l'esprit des choses, le problème des Catégories, disons-nous, est donc celui-ci : suivant quelles lois l'esprit ordonne-t-il ses représentations pour arriver à la conception de l'univers, et d'où viennent ces lois? Or on se rappelle pour quelles raisons, lorsqu'il s'agissait des formes de la sensibilité, nous avons cru devoir ne point admettre pour la pensée de lois *a priori* qui lui soient extérieures. Ces mêmes raisons demeurent ici parfaitement applicables. Dès lors la seule réponse que nous puissions faire à la question, c'est que l'esprit ne peut concevoir l'univers qu'en lui prêtant ses propres attributs, et que les lois suivant lesquelles il opère dans cette conception doivent avoir leur principe dans l'expérience qu'il a de lui-même. Nous aurons donc à nous demander d'abord comment cette expérience peut avoir lieu ; puis, comment elle sert de base aux véritables Catégories de l'entendement.

Considérons une représentation quelconque, perception actuelle ou souvenir, peu importe. Cette représentation est d'abord une certaine connaissance de son objet, en supposant pour un moment son objet en dehors d'elle ; mais elle est en même temps la connaissance d'elle-même ; c'est-à-dire que voir par exemple, c'est savoir que l'on voit ; entendre, c'est savoir que l'on entend. Sans doute il n'est pas question ici d'une notion exacte et distincte de la vision et de l'audition, telle que celle que l'on peut se faire en réfléchissant à ce que c'est que voir ou entendre, abstraction faite de tout objet vu ou entendu. Quand nous disons que la pensée est la connaissance d'elle-même en même temps que de son objet, nous voulons dire simplement que la pensée n'a pas le caractère des choses extérieures qui ne peuvent être connues à moins que l'esprit n'en fasse l'objet d'une intuition spéciale. La pensée est comme la lumière qui éclaire toutes choses, et qui n'a point besoin qu'on l'éclaire elle-même, parce qu'elle brille de son propre éclat. Cette connaissance de soi ainsi attachée à la pensée, c'est la *conscience*, et cette conscience est dite *spontanée*, par opposition à une autre forme de la connaissance de la pensée dont nous allons avoir à nous occuper bientôt, et que l'on appelle la *conscience réfléchie*.

Dire, comme nous le faisons, que la conscience est *attachée* à la pensée, c'est se servir d'une expression bien impropre, bien inexacte, et que, pour notre part, nous souhaiterions fort de n'avoir jamais à employer. Mais qu'y faire ? Nous parlons dans l'hypothèse d'une dualité de la conscience et de la pensée, dualité absurde et inconcevable : est-il surprenant que nous ne trouvions pas de termes pour exprimer correctement l'absurde ? Si l'on est entraîné à parler ainsi de la conscience, comme d'une chose, si peu même que ce soit, différente de la pensée, c'est que malheureusement on cède à d'invincibles habitudes d'esprit qui y contraignent. La connaissance sous sa forme la plus familière suppose deux termes, un sujet qui connaît et un objet qui est connu. Cette dualité du sujet et de l'objet apparaît aux hommes comme ce qu'il y a au monde de plus réel, et l'on finit par la vouloir trouver partout, et par concevoir toute connaissance, quelle qu'elle puisse être, sur le modèle de celle-là. Il résulte de là que l'objet extérieur étant donné, on commence par dire que l'esprit le pense ; mais comment s'arrêter en si beau chemin ? Une autre question se présente d'elle-même : comme l'esprit sait-il qu'il le pense ? Question absurde, et qui pose, sans qu'on y prenne garde, à la fois deux contradictions : une pensée qui n'est point pensée, et une pensée avant la pensée.

Outre cette première cause de confusion et de défaillance, il en est une autre qui nous oblige, lors même que nous sommes prévenus, à séparer ce qui n'est point séparable, à distinguer ce qui est identique. Nous voulons parler des besoins de la science elle-même et de la théorie. Sans doute, et nous ne l'ignorons pas, la conscience et la pensée ne sont qu'une seule et même chose sous deux noms différents ; et pourtant il peut arriver que nous soyons contraints de considérer à un moment donné la pensée comme une chose, et la conscience comme une autre chose ; ne serait-ce que pour dire qu'elles sont identiques. Quelques psychologues ont pensé légitimer l'usage de deux sens différents attachés à ces deux mots, en disant que la conscience et la pensée sont inséparables et vraiment coextensives l'une à l'autre, et qu'elles sont comme deux faces de la représentation, tournées l'une vers l'objet, et l'autre vers le sujet. Comme si cette dualité d'aspects dans un phénomène de l'esprit était plus intelligible que la dualité de la conscience et de la pensée constituant deux phénomènes distincts ! Comme si cette comparaison de la conscience et de la pensée aux deux faces d'un même objet ne nous laissait pas aux prises avec cette double absurdité d'une pensée sans conscience et d'une conscience sans pensée ! Rappelons donc une fois pour toutes que la conscience c'est la pensée même ; et, si nous sommes obligés, pour les besoins de la théorie, de les distinguer par abstraction, n'oublions jamais leur identité fondamentale.

Ainsi il faut écarter rigoureusement toute hypothèse en vertu de laquelle une pensée ne deviendrait consciente qu'à la suite d'une autre opération de l'esprit ayant pour objet cette pensée même. Bien loin qu'il en soit ainsi, la pensée est essentiellement la connaissance d'elle-même. A bien prendre la chose, elle n'est même que cela ; et le célèbre aphorisme d'Aristote n'est pas vrai seulement de la Pensée divine, il l'est encore de toute pensée en général, pourvu qu'on ne le prenne pas en son sens le plus étroit. C'est ce caractère de la pensée qu'exprime le terme de *conscience spontanée*.

Il résulte de là que la conscience spontanée n'a pas de degrés. Comment en effet demander si une pensée est plus ou moins consciente, lorsque la conscience, c'est-à-dire la connaissance de la pensée par elle-même, est la pensée tout entière ? Autant vaudrait demander si une pensée peut être plus ou moins elle-même. Donc, d'une part, une même pensée ne peut être consciente à des degrés différents ; et d'autre part, plusieurs pensées sont toutes également conscientes, puisqu'elles le sont toutes pleinement et absolument.

Ceci posé, reportons-nous à ce qui a été dit plus haut, que l'esprit est tout entier dans chacune de ses pensées, ou plutôt que chacune de ses pensées, c'est lui-même. Puisque chaque pensée est pleinement et absolument consciente, nous sommes en droit de conclure de là que, dans chacune de ses pensées, l'esprit est pleinement et absolument conscient de soi ; c'est-à-dire que toujours et à tout moment, dans les manifestations les plus infimes de son activité comme dans les plus hautes, il prend de lui-même une conscience parfaite et totale.

Cependant il faut reconnaître qu'il n'y aurait pas lieu de s'étonner si quelqu'un prétendait ne point avoir une telle conscience de soi, et son objection devrait paraître absolument fondée. S'il est quelque chose que nous connaissions peu, et sur quoi les opinions des hommes soient diverses, c'est assurément la nature de l'esprit. Cette conscience parfaite est donc, à un autre point de vue sans doute, une conscience très imparfaite ; allons plus loin, et disons de suite qu'elle est l'inconscience pure. Il nous faut essayer de faire voir comment la conscience spontanée peut être à la fois la conscience absolue et l'absolue inconscience. Nous aurons donc à nous demander en quel sens on peut dire que cette opposition est réelle, et ce qu'est cette conscience qui diffère de la conscience spontanée, et au regard de laquelle celle-ci est inconscience pure.

Lorsque, pour les raisons que nous avons exposées, la pensée actuelle s'est dédoublée en deux représentations, celle du moi et celle du non-moi, cette dernière, nous l'avons vu, devient *objet* pour la pensée dans laquelle elle a pris naissance ; et la même chose est vraie en réalité de la première, bien que le moi y apparaisse surtout comme *sujet*. C'est que le moi n'est effectivement sujet que dans son rapport et dans son opposition au non-moi ; mais, lorsque l'esprit se repliant sur soi cherche à prendre possession de lui-même dans l'intuition du moi, le moi à son tour devient inévitablement objet pour la pensée actuelle, de la même manière que pouvait l'être tout à l'heure le non-moi. C'est alors, mais alors seulement, c'est, disons-nous, lorsqu'ils sont devenus objets pour la pensée actuelle, que le moi et le non-moi sont véritablement *pensés*; et l'on peut dire d'une façon générale que rien n'est pensé à moins de subir la même condition, à moins de devenir objet pour la pensée actuelle.

Si maintenant l'on considère la pensée elle-même, on comprendra aisément qu'une pensée quelconque n'est *pensée*, et par conséquent n'est connue distinctement, ou, comme l'on dit, n'est consciente, qu'à la condition de devenir objet pour une pensée ultérieure, pour la pensée actuelle. Quant à la conscience spontanée, elle est la pensée même, en tant que cette pensée est lumineuse pour soi, mais elle n'est pas, à proprement parler, la *pensée* de cette pensée. A ce point de vue, l'aphorisme d'Aristote que nous rappelions tout à l'heure : « Ἔστιν ἡ νόησις νοήσεως νόησις » pourrait donner lieu à une interprétation inexacte. Il est très vrai que la pensée se suffit à elle-même, et qu'elle ne ressemble nullement aux choses extérieures, qui ne sont rien pour l'esprit à moins de devenir objets de pensée ; et Aristote ne veut pas dire autre chose : mais il serait très faux de dire que la pensée se pense elle-même, en ce sens qu'elle serait objet pour soi.

Une comparaison servira peut-être à éclaircir ceci. Il est des astres qui sont lumineux par eux-mêmes, le soleil par exemple. Il en est d'autres qui sont naturellement obscurs, mais qui peuvent recevoir la lumière du soleil : ce sont les planètes. On peut bien dire avec vérité que le soleil éclaire les planètes, on peut bien dire aussi qu'il est lumineux par lui-même ; mais dire qu'il s'éclaire lui-même, c'est dire une chose qui n'a aucun sens, parce que l'action d'éclairer suppose une dualité de sujet et d'objet qui n'existe pas ici : et l'erreur que l'on commettrait à parler ainsi viendrait de la supposition faite à tort que rien ne peut être lumineux, sinon à la façon dont le sont les planètes ; que le soleil par conséquent doit être lumineux de cette même façon, c'est-à-dire qu'il doit tenir sa clarté de quelque chose ; et qu'enfin, puisqu'il n'existe rien qui puisse l'éclairer, il faut bien qu'il s'éclaire lui-même. De même, il est vrai que la pensée pense les objets ; il est vrai aussi qu'elle n'est pas un objet qui ait besoin d'être pensé ; mais il n'est pas vrai qu'elle *se pense,* en prenant ce mot en son sens usuel. Or c'est quand elle a été *pensée,* au sens usuel du mot, qu'une chose quelconque devient objet de connaissance ; et c'est seulement quand elle est devenue objet de connaissance, qu'une pensée est dite par nous *consciente.*

Ainsi, par une illusion qui peut paraître bizarre, mais dont nous croyons avoir donné l'explication dans ce qui vient d'être dit, ce que nous considérons comme notre pensée vraie, ce n'est pas la pensée actuelle, concrète et vivante, c'est la pensée passée projetée sur celle-là et devenue objet pour elle. Pour les raisons que nous avons exposées, la pensée présente se crée un objet et s'y absorbe. Ce qu'elle pense, ce n'est plus elle-même, c'est son objet ; et la seule ressource qui lui reste pour être *pensée,* c'est de devenir objet à son tour. Mais, pour cette conscience parfaite et absolue dont nous parlions plus haut, pour la conscience spontanée, au point de vue nouveau où nous sommes placés maintenant, elle équivaut rigoureusement à l'inconscience pure.

On le voit, entre la conscience spontanée et la conscience réfléchie, c'est-à-dire, en réalité, si nous nous plaçons au point de vue de la connaissance effective et réelle, entre l'inconscience et la conscience, l'abîme est profond.

La différence ici n'est pas de degré, ce n'est pas une question de plus ou de moins ; l'inconscience n'est pas la conscience réduite à un minimum, ou même réduite à zéro : la différence est de nature, elle est radicale et ne peut être supprimée.

Et pourtant, tout en reconnaissant qu'il ne peut y avoir de passage direct de la conscience spontanée à la conscience réfléchie, devons-nous désespérer à tout jamais de voir l'intuition infaillible de la première éclairer la seconde, et la véritable nature de l'esprit se révéler à nos yeux ? Se peut-il que nous soyons condamnés à divaguer éternellement sur ce qui nous est le plus intime, sur ce qui, en un sens, nous est connu d'une manière parfaite ? Non, cela n'est pas, cela ne peut pas être. Si l'esprit a ainsi de lui-même une conscience absolue, cette conscience doit avoir son écho, son reflet, sa manifestation quelque part ; attendu que l'inconscience, si elle pouvait être aussi entière qu'on veut bien le dire, ne serait rien, ni pour nous, ni pour elle-même, ni pour personne, et le mot qui l'exprime serait vide de sens. Est-ce que d'ailleurs cet inconscient-là n'est pas en quelque sorte l'étoffe dont sont faites nos pensées dites conscientes ?

Donc il doit exister quelque moyen de surprendre ce secret de la conscience spontanée si intéressant pour nous, puisque c'est le secret de notre nature même.

Il est en effet un moyen qui se présente à l'esprit tout naturellement. Puisque la pensée actuelle contient cet admirable secret, il doit suffire, pour le pénétrer, de faire de cette pensée l'objet d'une pensée ultérieure, et de l'étudier comme nous étudions un objet quelconque ; en un mot, la réflexion semble ici un procédé tout indiqué. Mais il est aisé de se rendre compte que ce procédé ne donnerait pas de résultats satisfaisants. La raison en est que d'abord la reconstitution d'une pensée, nécessaire pour que cette pensée puisse devenir l'objet d'une pensée ultérieure, court toujours grand risque de ne pas se faire avec toute l'exactitude désirable ; et que, d'un autre côté, en supposant même une exactitude parfaite obtenue, nous demeurerions exposés aux mille causes d'erreur que rencontre nécessairement quiconque observe, à savoir les passions, les préjugés, l'esprit de système : sans compter que ces causes d'erreur seraient ici beaucoup plus à redouter que partout ailleurs, en raison du caractère particulier de l'objet à observer. Enfin, et ceci est un obstacle tout à fait insurmontable, il paraît bien que l'objet proposé à notre étude, la nature intime et absolue de l'esprit, n'est pas susceptible de devenir jamais un objet d'observation immédiate, puisque tout objet, par le seul fait qu'il entre dans la pensée, y prend les caractères de la relativité et de la phénoménalité.

Prenons un exemple pour fixer les idées à cet égard. Soit la question de la liberté : sommes-nous libres de nos résolutions, ou ne le sommes-nous pas ? Pour résoudre cette question, allons-nous descendre en nous-mêmes par la réflexion, et nous demander si nous nous sentons libres ? Ce serait là une très mauvaise manière de poser le problème. En procédant de cette façon, nous aurions par exemple à considérer une détermination prise antérieurement, à la soumettre à l'analyse, et à rechercher si cette détermination avait ou n'avait pas un antécédent qui la rendît nécessaire. Mais tout d'abord, dans la conscience réfléchie comme dans l'expérience sensible, ce qui est constaté, ce sont les faits, non leur nécessité ou leur contingence. Le rapport qui unit un fait de conscience ou un phénomène extérieur à son antécédent n'est pas d'ordre phénoménal, il est donc absurde d'en vouloir faire l'objet d'une constatation directe. Puis, en supposant même cette constatation possible, il est évident qu'aucun de ceux qui voudraient la tenter ne pourrait se défaire d'une multitude d'idées préconçues particulières à chacun, et qui rendraient pour chacun nécessaire d'avance et inévitable le résultat de l'observation. Aussi que voyez-vous ? C'est que, si vous interrogez cent hommes pris au hasard dans toutes les régions du globe, et que vous leur demandiez s'ils se sentent libres, cinquante peut-être répondront oui, et cinquante, non. L'observation directe et la réflexion sont donc des procédés de méthode qu'il faut rejeter ici d'une manière absolue.

Mais, si cette méthode ne donne pas de résultats, il en est une autre. L'inconscient, disions-nous plus haut, doit avoir son écho, sa manifestation quelque part. Or ce ne peut être évidemment que dans les phénomènes eux-mêmes ; par conséquent les phénomènes doivent contenir quelque révélation de la nature absolue de l'esprit : et en effet, il est tel phénomène duquel nous pouvons tirer des conclusions parfaitement fondées relativement à cette nature absolue. Par exemple, pour le cas qui nous occupe, les sentiments de l'estime et du mépris, ceux du remords et de la satisfaction morale, celui de la justice des peines infligées au coupable et de la nécessité d'une expiation ; en un mot, le sentiment de la responsabilité sous toutes ses formes implique clairement que l'esprit a la conscience intime et absolue d'être libre de ses résolutions, et par conséquent peut servir à prouver la liberté. En fait, les hommes, quand ils affirment leur liberté, ne le font pas pour d'autres raisons. S'ils se disent libres, ce n'est pas qu'ils croient en général avoir directement conscience de l'être ; mais c'est qu'ils se sentent obligés par la loi du devoir et responsables, et qu'ils comprennent très bien que cette obligation et cette responsabilité impliquent pour eux la liberté.

Ainsi cette conscience parfaite, absolue, adéquate, que, tout au fond de son être, l'esprit a de lui-même, ne demeure pas nécessairement enfouie dans les profondeurs d'une existence impénétrable à la pensée actuelle. Elle n'est pas au-dessus ni au-dessous de la pensée actuelle ; elle est cette pensée même qui la contient tout entière ; et nous venons de voir comment, grâce aux échos que cette conscience éveille autour d'elle, il nous est permis de prendre quelquefois de la vraie et absolue nature de l'esprit une connaissance distincte, au même titre que nous prenons connaissance de tout ce qui est objet pour la pensée.

Mais les attributs que l'esprit manifeste ainsi, ce sont ses attributs moraux ; et ceux dont il est nécessaire qu'il prenne conscience pour constituer ses jugements de Catégories, ce sont ses attributs métaphysiques. Nous allons montrer de quelle façon non pas identique, mais tout à fait analogue, se manifeste cette seconde série d'attributs donnant lieu à une seconde série de jugements universels et nécessaires comme les premiers.

Pour cela, il est nécessaire que nous rappelions brièvement deux points que nous sommes en droit de considérer comme acquis, à la suite des discussions qui précèdent. Nous avons vu que, dans la pensée, par cela seul qu'elle est à la fois une et multiple, il tend à se développer en quelque sorte deux pôles, dont la parfaite corrélation constitue la pensée même, et qui donnent naissance à deux représentations opposées, celle du moi et celle du non-moi ou de l'univers. Nous avons vu de plus que la pensée c'est l'esprit lui-même, et qu'une pensée quelconque, c'est toujours l'esprit avec sa pleine et absolue conscience de soi et de tous ses attributs. Cela étant, on peut se demander dans laquelle des deux représentations opposées, celle du moi ou celle de l'univers, s'affirme cette conscience que l'esprit a de lui-même en tant qu'être. Nous disons : c'est dans toutes les deux, à cause de leur parfaite corrélation.

C'est que, si, comme tout le monde doit l'admettre, « *le moi se pose en s'opposant le non-moi ;* » il est indispensable, pour qu'il se pose comme un moi concret et réel, qu'il s'oppose un non-moi également concret et réel. Donc, ou bien l'esprit ne peut pas prendre conscience de lui-même en tant qu'être, ce qui est absurde, ou bien il faut que le moi et l'univers soient donnés également dans la pensée avec le caractère de l'existence concrète et réelle. Sans doute l'intuition du moi aura à cet égard sur l'autre une sorte de privilège, et comme une priorité logique, puisque c'est celle-là qui exprime surtout l'esprit en tant qu'un, identique et absolu ; mais l'intuition de l'existence concrète qui y prend naissance n'y demeure pas enfermée ; elle s'en dégage au contraire, et se trouve en quelque sorte projetée *à l'état naissant,* comme disent les chimistes, sur l'intuition opposée, celle de l'univers, d'où elle revient ensuite comme par réflexion sur le moi lui-même. C'est alors seulement, c'est quand les deux termes opposés, le moi et l'univers, s'éclairent ainsi mutuellement par leur opposition même, qu'ils peuvent apparaître l'un et l'autre avec le caractère de l'existence réelle, qui est le caractère fondamental de l'esprit.

Mais l'existence réelle comporte des conditions et des déterminations. La notion de l'existence indéterminée est la plus vide de toutes celles qui peuvent entrer dans l'intelligence humaine. L'être a des attributs, ou il n'est point. Si donc le moi et l'univers sont donnés dans la pensée l'un en face de l'autre comme deux existences concrètes, ils doivent y apparaître comme deux existences déterminées. Dès lors on conçoit que le jugement primitif par lequel le moi attribue l'existence à lui-même et au monde extérieur implique un certain nombre d'autres jugements primitifs au même titre, et par conséquent universels et nécessaires, par lesquels il attribue aux choses extérieures tous les caractères de l'existence réelle ; et les différents aspects sous lesquels l'existence est ainsi envisagée et affirmée tour à tour et du moi et de l'univers, considérés surtout dans ce dernier objet, constituent ce que l'on appelle les CATÉGORIES DE L'ENTENDEMENT [1].

Ainsi entendue, la théorie des Catégories de l'Entendement présente avec la théorie simi-

---

[1] Il est inutile sans doute d'ajouter que les notions relatives aux différentes Catégories, et les jugements auxquels elles donnent lieu, n'apparaissant dans l'intelligence humaine qu'au moment où la notion distincte du moi se dégage en s'opposant le non-moi, ne peuvent se retrouver dans l'intelligence des animaux.

laire de Kant des différences qui sautent aux yeux, et qui ne semblent pas en général être au profit de cette dernière. La raison d'être des Catégories, c'est, nous l'avons dit après Kant lui-même, de constituer avec la multiplicité de nos représentations sensibles un univers qui puisse devenir objet de connaissance. Mais, dans la philosophie de Kant, d'où viennent les Catégories ? Pourquoi sont-elles ce qu'elles sont, et non pas autres ? Pourquoi en particulier est-il nécessaire, pour que les phénomènes deviennent objets pour l'entendement, qu'ils obéissent à la loi de causalité ? Nul ne peut le dire. Dans la conception kantienne des Catégories, il y a donc quelque chose de tout à fait artificiel, et que l'on ne peut méconnaître. Oui sans doute l'univers doit être intelligible, mais une seule chose est intelligible, c'est l'être. Vouloir que l'esprit soumette *a priori* l'univers à des lois qui seraient quelconques, au lieu d'être les lois mêmes de l'existence, et supposer que l'univers ainsi constitué pourrait encore être objet pour la pensée, c'est être dans l'erreur. La condition nécessaire et suffisante pour qu'il ne soit pas anharmonique à la pensée, pour que l'esprit puisse s'y retrouver toujours, c'est qu'il se présente à l'esprit comme réel au même titre que l'esprit lui-même ; et dès lors les seules lois que l'esprit puisse y reconnaître, ce sont celles de son existence propre dont il a le sentiment immédiat et absolu.

Déterminer les Catégories, en préciser la nature et le nombre, serait une tâche considérable, et dont la portée dépasserait de beaucoup les limites de la question que nous nous sommes proposé de traiter. Nous ne pouvons donc songer à entreprendre un pareil travail. Cependant il nous est impossible de ne pas ajouter quelques mots au sujet de la méthode qu'il conviendrait d'y employer ; d'autant plus que celle dont on use dans certaines écoles laisse beaucoup à désirer, à notre avis, et que la nôtre n'est qu'une conséquence très simple et très immédiate des considérations qui précèdent.

Au nombre des Catégories, il en est deux que tout le monde reconnaît, et que même, pour notre part, nous inclinons à considérer comme les seules Catégories véritables, la substantialité et la causalité. On sait que la manière dont sont entendues et définies la substance et la cause varie beaucoup avec les différentes écoles philosophiques. Les empiristes qui, à l'inverse de ce que nous croyons être le vrai, font constituer l'esprit par les sensations, au lieu de faire constituer les sensations par l'esprit, sont absolument dans la logique de leur système en réduisant l'idée de cause à l'idée de succession constante. Mais il ne semble pas que les spiritualistes aient de la causalité une conception qui soit aussi aisément justifiable, et aussi directement en rapport avec l'ensemble de leurs doctrines ; et ici nous n'exceptons nullement ceux qui s'inspirent surtout de Maine de Biran, ni Maine de Biran lui-même dont la profondeur et la sagacité nous paraissent en défaut sur ce point. Ces philosophes se font de la causalité et de la substantialité certaines idées qu'ils croient justes, ce qui est assurément leur droit ; mais de plus, et c'est en quoi nous croyons qu'ils font fausse route, ils se flattent de faire dériver ces idées immédiatement de la conscience.

Dans cette manière de procéder, il y a, à notre avis, tout d'abord une grosse erreur de méthode. On veut trouver dans la conscience l'origine des idées que l'on s'est faites sur la causalité et la substantialité. Pour cela, il faudrait commencer par s'assurer que ces idées sont absolument simples et incomplexes, parce que, si elles ne l'étaient pas, elles ne seraient que des tissus d'idées, et ne sauraient être rattachées directement à la conscience. Or ces idées certainement paraissent simples : est-ce une raison suffisante pour affirmer qu'elles le sont ; et ne savons-nous pas combien l'erreur est aisée sur ce point ? On en peut proposer un bel exemple, la notion d'espace qu'un si grand nombre de philosophes considèrent comme irréductible. Mais passons. Le seul moyen qu'on puisse employer pour retrouver dans la conscience l'origine des idées que l'on s'est faites sur la cause et la substance, c'est évidemment de descendre en soi-même, de s'interroger, et de dégager le sentiment intime que l'on a de soi comme substance et comme cause. Il faut donc que l'on fasse appel à la réflexion. Or il est clair que le procédé ne peut donner de résultats, parce que, si l'esprit a vraiment conscience de lui-même comme substance et comme cause, c'est dans la conscience spontanée, qui, pour la réflexion, est identique, nous l'avons vu, à l'inconscience pure. Ajoutons, et c'est un point que nous avons eu occasion de signaler aussi, que la réflexion est, comme toute autre forme de l'observation des phénomènes, soumise à l'influence de mille causes d'erreurs, les passions, les préjugés, etc. ; de sorte que, dans le cas même où la réflexion pourrait atteindre la substantialité et la causalité de l'esprit, les notions qu'elle nous en fournirait demeureraient légitimement suspectes.

A la vérité, Maine de Biran ne méconnaissait nullement l'insuffisance de la réflexion à cet égard ; et, lorsqu'il prétendait trouver dans le sentiment de l'effort la conscience que nous avons de nous-mêmes comme causes, c'était bien la conscience spontanée et immédiate qu'il pensait appeler en témoignage, et non pas la conscience réfléchie. Mais il est certain qu'il se trompait, parce que la conscience spontanée d'un effort musculaire n'est pas autre chose que cet effort même. Cette conscience n'est donc pas une notion ; et, si nous en tirons une notion, c'est à la condition d'y appliquer la réflexion, et d'en faire l'objet d'une pensée nouvelle. Puis, comment oser parler de conscience immédiate, de sentiment intime, lorsque l'on est obligé de soutenir contre Hume que cette conscience de la causalité est possible, et ensuite qu'elle est réelle ? Comment nier que l'idée de cause a été obtenue par l'analyse et la réflexion, lorsque l'on s'efforce de démontrer que cette idée est donnée dans le sentiment de l'effort musculaire ? N'est-il pas évident que si la notion de la causalité telle qu'elle est dans sa nature intime et absolue était donnée véritablement, comme on le dit, dans le sentiment de l'effort, on ne pourrait pas plus discuter sur la réalité de cette notion que sur la réalité de l'effort lui-même ; et que ceux qui prétendent n'avoir pas conscience d'être causes mériteraient d'être envoyés aux petites-maisons, au même titre que ceux qui, ayant mis la main sur un fer rouge, prétendraient n'avoir point senti de douleur ?

Si l'on peut reprocher à Maine de Biran d'avoir commis une erreur de méthode en cherchant à découvrir dans le sentiment de l'effort l'origine de l'idée de cause, son erreur ne paraît pas moins manifeste quant à la façon dont il entend la causalité même. Comment en effet définit-il la causalité? Une cause, suivant lui, c'est l'agent producteur d'un phénomène. Mais un phénomène n'a pas, et ne peut pas avoir d'agent producteur ; attendu que, si un phénomène était véritablement *produit*, il serait un être au sens absolu du mot, et non plus un phénomène ; il aurait l'existence concrète et réelle. Si donc on veut absolument qu'une cause soit un agent producteur, il est certain qu'il n'existe, comme l'avait bien vu Malebranche, qu'une seule cause véritable, la puissance créatrice.

Enfin, en admettant d'une part que la conception que se fait M. de Biran de la causalité soit légitime, et d'autre part, qu'il soit possible de découvrir par l'analyse directe d'un fait psychologique donné les attributs essentiels de l'esprit, on pourrait objecter encore à M. de Biran qu'il reste une impossibilité particulière à ce que la notion de la causalité telle qu'il l'entend nous vienne du sentiment de l'effort. En effet, ce que M. de Biran entend par le mot causalité, c'est, disons-nous, une action efficace et transitive d'une chose sur une autre. La causalité est donc, d'après lui-même, essentiellement une relation. Mais toute relation suppose au moins deux termes. Pour que j'eusse conscience d'une pareille puissance causale en moi, il faudrait donc que j'eusse conscience à la fois de moi-même et du terme extérieur sur lequel j'agis. Sans doute cette opinion compte un certain nombre de partisans dans l'histoire de la philosophie : Hamilton entre autres l'a défendue avec une énergie extrême. Il n'en est pas moins vrai qu'elle est aujourd'hui abandonnée, et digne de l'être ; et l'on peut, à ce qu'il semble, sans trop de témérité, l'opposer à Maine de Biran comme une conséquence inadmissible de sa théorie de la causalité.

Quelle serait donc la méthode à suivre pour arriver à une détermination exacte de la causalité, de la substantialité, et, d'une façon générale, de toutes les Catégories de l'entendement, s'il en existe d'autres que la cause et la substance ?

La solution de cette question se rattache étroitement pour nous à celle de l'origine première que nous avons assignée aux Catégories. L'univers étant constitué dans la représentation, l'esprit, disions-nous, l'objective par rapport à soi ; et, pour cela, il est nécessaire qu'il lui attribue l'existence, non l'existence abstraite et idéale, mais l'existence concrète et véritable qui est la sienne propre, et dont il a à prendre une conscience distincte ; et par conséquent il faut qu'il lui attribue aussi tous les caractères de l'existence concrète. Ce sont ces caractères, donnant lieu chacun à un jugement universel et nécessaire, qui constituent les Catégories de l'entendement.

Mais comment se fait ce transport, cette projection, comme nous le disions plus haut, des attributs de l'esprit à l'univers ? Evidemment, c'est par des jugements spontanés. Donc il suffit de rechercher ces jugements spontanés, et d'en dégager les notions absolues qu'ils contiennent, pour obtenir du même coup le secret de l'esprit et celui de l'univers. Sans doute l'entreprise est difficile à mener à bien, parce qu'il est toujours difficile de s'assurer qu'un jugement est un produit de la spontanéité pure, et parce qu'ensuite c'est une tâche infiniment délicate et périlleuse, que celle qui consiste à dégager ainsi ces notions absolues que contiennent nos jugements spontanés. De ces deux difficultés, la première du reste est de beaucoup la moins considérable, attendu qu'il existe un criterium infaillible de la spontanéité pure, c'est l'universalité. Si nous craignons qu'un de ces jugements qui ont la prétention d'être des applications directes de la loi des Catégories à la matière de l'expérience n'ait subi en nous quelque influence corruptrice, et ne soit entaché de relativité personnelle, il nous suffira de nous assurer si nous sommes, par rapport à ce jugement, d'accord avec tous les autres hommes. Quant à la première difficulté, elle est réelle, mais non pas insoluble, et nous pensons qu'on en viendrait à bout, à la condition d'y apporter suffisamment de finesse et beaucoup de droiture d'esprit. La méthode, on le voit, est absolument la même que nous avons préconisée déjà relativement à la question de la liberté, la même qui conviendrait pour résoudre toutes les questions du même genre, celle-ci par exemple : Est-il vrai ou non que l'homme soit incapable, comme le prétend La Rochefoucauld, d'un sentiment absolument désintéressé ; et l'amour de nous-mêmes est-il la racine cachée de tous nos sentiments, sans en excepter nos sentiments sympathiques ? Ces questions et toutes celles qui ont pour objet, soit l'esprit en général dans ses attributs fondamentaux et essentiels, soit même un esprit considéré en particulier dont il faille dégager les sentiments intimes, doivent se traiter par l'étude des jugements spontanés.

Nos jugements, nos sentiments mêmes, tout ce qui est spontané en général, constitue pour la spéculation philosophique une mine inépuisable, mais aussi, il faut en convenir, difficile à exploiter. Là est pourtant l'avenir, à ce qu'il semble, pour la métaphysique. Sans doute, à parler ainsi, on paraît vouloir donner à la métaphysique l'expérience pour base : mais il faut ici distinguer.

Lorsque la science est achevée ou supposée l'être ; lorsque, après avoir expliqué un fait par un fait plus général, celui-ci par un plus général encore, la pensée scientifique a ramené la totalité des phénomènes de l'univers à un très petit nombre, à deux faits, à un seul peut-être ; alors, et bien avant même que cet immense travail soit terminé, une question impérieuse, inévitable, se présente à l'esprit de l'homme : Quel est le principe des choses, et quelle est leur fin ? D'où vient cet univers, et où tend-il ? Cette question n'est pas, quoi qu'on en ait dit, et nous pensons l'avoir prouvé suffisamment, de même nature que celles que la science doit résoudre. Les solutions qu'on en peut donner n'ont pas le même caractère de rigueur démonstrative, mais aussi de relativité que présentent les solutions des questions scientifiques. Nous sommes alors hors la science, hors la logique, et réduits aux conjectures. Mais si, parmi les hypothèses proposées, il en est une qui puisse donner pleine et absolue satisfaction à la raison humaine, — et cette hypothèse existe, c'est celle d'un Dieu créateur par amour, — elle peut et doit s'imposer à l'esprit avec une autorité que rien ne balance ; et l'acte de foi par lequel nous y adhérons est infiniment plus précieux, et, en un sens, plus vrai que toute déduction, que toute découverte scientifique ; car il est l'affirmation, non d'une vérité relative, mais de la vérité éternelle et absolue, de la seule vérité qui nous intéresse à proprement parler. Si l'on appelle *métaphysique* la discussion de cette hypothèse et des hypothèses qui se présentent concurremment avec elle, il est bien certain que la métaphysique ainsi entendue n'a pas besoin de recourir à l'expérience. Mais si, par le mot *méta-*

physique, on entend, comme nous le faisons ici, l'étude de notre nature, ou plutôt de la nature en général dans ce qu'elle a d'immuable et d'universel par opposition aux sciences qui l'étudient dans ce qu'elle a de mobile et de particulier, nous persistons à penser que la métaphysique ainsi entendue, c'est-à-dire en réalité l'ontologie, ne peut se construire *a priori.*

Quoi qu'on fasse, les sciences du concret n'admettent qu'un point de départ, l'expérience. Comment donc la métaphysique, qui est la science du concret par excellence, échapperait-elle à cette loi ? Si cette base solide lui manque, elle n'est qu'un édifice ruineux, et l'histoire en témoigne assez. Est-ce à dire qu'à notre avis il faille lui rogner les ailes, lui interdire « le long espoir et les vastes pensées, » la placer dans l'expérience et l'y enfermer à double tour ? A Dieu ne plaise qu'elle soit jamais traitée ainsi ! Est-ce que l'on songe à interdire à aucune science les constructions et les systèmes ? Les sciences physiques et naturelles qui, plus que toutes les autres, devraient craindre de quitter le solide terrain des faits, ne se font pas faute d'anticipations sur l'expérience actuelle et de vastes synthèses. Les mathématiques elles-mêmes ont parfois des audaces toutes semblables : et tout cela est nécessaire et légitime. La spéculation scientifique est le plus noble effort de l'homme, et le meilleur témoignage de la supériorité de sa nature. Vouloir l'interdire, ce serait vouloir interdire la pensée même. Et s'il en est ainsi pour les sciences, combien, à plus forte raison, sera-t-il permis à la métaphysique de spéculer et d'anticiper sur l'inconnu des choses, lorsqu'elle aura pour fondement le roc inébranlable de l'expérience, et comme moyen de vérification, le contrôle incessant de **faits constatés** !

Du reste, la source que nous avons indiquée comme étant celle où le métaphysicien doit venir puiser les faits sur lesquels il aura à s'appuyer, n'est pas la seule : il en est une autre encore. Dans la représentation que nous avons de l'univers, il y a, on s'en souvient, deux parts à faire : celle de l'intuition par laquelle la représentation se constitue, à proprement parler, et qui comprend le double travail de la sensibilité dont il a été question ; et la part de la conception, par laquelle la représentation s'extériorise et s'affirme comme objet en face du moi qui par là même devient sujet. La conception contient le secret de l'esprit en tant qu'être ; elle l'exprime dans ce que sa nature a d'absolu, et dans ses attributs essentiels. C'est dans l'étude du spontané, nous venons de le voir, qu'il faut chercher le mot de cette partie de l'énigme. Mais l'intuition contient aussi à sa manière le secret de l'esprit : elle contient le secret de l'esprit en tant qu'il est mobile et phénoménal, puisque l'esprit, en tant qu'il est mobile et phénoménal, c'est l'univers lui-même tel qu'il est donné dans l'intuition pure, avant l'intervention des jugements spontanés qui constituent la conception. Les sciences qui étudient l'univers au point de vue purement phénoménal travaillent donc, sans le savoir, à perfectionner notre connaissance de l'esprit. Les lois qu'elles découvrent sont des lois de l'esprit lui-même, ou tout au moins expriment d'une certaine manière des lois auxquelles l'esprit obéit dans l'évolution de son existence phénoménale. Un jour viendra sans doute où nous pourrons mettre à profit les découvertes de ces sciences, et où la métaphysique s'aidera de chacun des pas qu'elles feront en avant. Déjà au reste nous pouvons tirer de leurs découvertes, non pas précisément une vérité nouvelle, mais plutôt la confirmation précieuse d'une vérité métaphysique dont l'importance est capitale. En prouvant que tous les phénomènes sans exception se ramènent au mouvement, les sciences nous fournissent un témoignage d'une valeur incontestable en faveur de ce grand principe que l'esprit, dans sa constitution de la représentation sensible, opère suivant un seul et unique processus fondamental. La métaphysique, en retour, montrant que ce processus consiste à constituer la représentation sous la forme de l'unité multiple et de la multiplicité une, d'où résulte pour la représentation le caractère de la continuité ; puis, concluant de ce principe que l'esprit réalise la plus parfaite unité et la plus complète identité qu'il soit possible de concevoir dans une diversité absolue telle qu'est la sienne, et que par conséquent son développement, en même temps qu'il doit être continu, doit être aussi régulier et aussi uniforme que possible ; la métaphysique, disons-nous, rendant aux sciences service pour service, démontre ce qu'elles ne pouvaient pas démontrer, à savoir que l'univers, ou, ce qui revient au même, la totalité des phénomènes, « n'est qu'un mouvement unique qui se poursuit autant que possible dans la même direction et avec la même vitesse, quelles que soient du reste les lois suivant lesquelles il se transforme [1]. »

1. La formule est de M. Lachelier qui l'établit aussi métaphysiquement, mais par des raisons différentes de celles que nous exposons ici. (Fondement de l'Induction, p. 63.)

Ainsi c'est l'esprit, et nous ajouterons, c'est l'esprit tout seul et l'esprit tout entier que l'univers exprime dans la multiplicité infinie de ses phénomènes. Non pas sans doute qu'il ne puisse et qu'il ne doive exister une science de l'esprit reposant sur d'autres bases, et que ce l'on appelle la *Psychologie* perde à notre avis sa raison d'être. Mais la PSYCHOLOGIE doit être essentiellement une science de phénomènes. Son objet, c'est d'expliquer les uns par les autres les faits de conscience, et de les ramener au plus petit nombre possible de lois fondamentales ; sans renoncer du reste à expliquer ces lois elles-mêmes par la nature métaphysique de l'esprit. Quant à vouloir faire de l'étude de cette nature métaphysique comme un prolongement et un complément de l'étude directe des phénomènes par le moyen de la réflexion, nous pensons que c'est une entreprise vaine, et qui ne peut aboutir. Ce n'est pas dans son foyer même, dans son essence absolue, qu'il convient d'étudier l'esprit : ce n'est pas par l'observation directe, excellente pour quiconque ne s'occupe que des phénomènes, qu'il faut essayer de pénétrer jusqu'à l'être. Non, il n'y a qu'un moyen à employer pour y atteindre, c'est d'user de ruse en quelque sorte, et de chercher indirectement la solution du problème dans l'étude des manifestations de l'esprit, puisque ces manifestations contiennent le secret de son essence absolue, et peuvent nous le livrer si nous savons les interroger comme il convient.

CHAPITRE X

Le caractère principal de la doctrine qui vient d'être exposée, c'est le caractère d'idéalisme. — Discussion de l'idéalisme : l'idéalisme n'est acceptable que s'il reconnaît la réalité du monde extérieur. — Le nôtre remplit cette condition ; mais c'est une illusion de croire qu'il puisse exister des choses en soi en dehors de toute pensée et de toute représentation.

Le caractère le plus saillant peut-être de la doctrine que nous venons d'exposer, c'est le caractère d'idéalisme. Or il faut convenir que le mot idéalisme sonne assez mal en général en philosophie, surtout aux oreilles françaises, et qu'il est pris le plus souvent comme un équivalent poli du mot chimères. Et pourtant, à y bien penser, on se demande comment il serait possible de n'être pas idéaliste quand on admet la subjectivité du temps et de l'espace ; et d'autre part, on se demande encore comment il serait possible de se refuser à admettre la subjectivité du temps et de l'espace : de sorte que l'on ne voit pas bien comment, même avec la répulsion la plus décidée pour l'idéalisme, on pourrait y échapper sans renoncer à sa raison, et sans renier les conquêtes les plus incontestables de la science philosophique.

La principale et même l'unique cause pour laquelle l'idéalisme excite tant de répugnances, c'est que cette doctrine paraît constituer une négation absolue de la réalité du monde extérieur. Eh bien, nous l'avouerons sans peine, si le reproche est fondé, il est extrêmement sérieux, et l'idéalisme, quels que puissent être ses mérites d'ailleurs, est dans ce cas, à notre avis, une doctrine à rejeter. Comment admettre en effet l'opinion vraiment monstrueuse d'après laquelle notre intuition du monde extérieur serait une illusion pure, de sorte que nous serions victimes d'une hallucination perpétuelle? La théorie de Berkeley, il faut en convenir, va jusque-là. Dieu, en nous imposant les représentations multiples qui nous font croire au monde extérieur, ainsi que le pense Berkeley, nous tromperait positivement, puisqu'en fait ces représentations n'auraient en nous aucune raison d'être absolue ; et, nous pouvons même le dire, nous tromperait méchamment, puisqu'il nous tromperait sans aucune nécessité qui soit assignable. La conscience humaine proteste avec énergie contre de telles doctrines, et ici, comme toujours, la conscience humaine a raison.

S'imaginera-t-on rendre l'idéalisme plus acceptable en soutenant, avec Kant, qu'à la vérité nous ne percevons rien de réel et vivons dans un monde d'apparences, mais que du moins ces apparences sont bien fondées, puisqu'elles expriment la constitution intellectuelle de l'esprit humain, — laquelle d'ailleurs pourrait fort bien être toute différente, auquel cas ces apparences seraient absolument autres ; — et que, d'autre part, ces apparences ne sont pas tout à fait mensongères, puisqu'elles nous autorisent à affirmer l'existence d'un quelque chose en soi, qui est au delà et qui est très réel, mais qui demeure inconnaissable dans sa nature véritable. A dire vrai, cette forme de l'idéalisme ne nous paraît pas, tant s'en faut, préférable à la précédente. Sommes-nous moins hallucinés si nous voyons les choses tout autrement qu'elles ne sont, que si nous croyons voir ce qui n'existe pas en réalité ? Aussi convient-il, du moins à notre humble avis, de tenir pour absolument suspecte d'une manière générale la doctrine aujourd'hui si répandue que l'on a appelée *le grand dogme de la relativité de la connaissance.* Sans doute, si, par ces mots relativité de la connaissance, on entend dire que la pensée étant l'acte propre de l'esprit doit exprimer la nature de l'esprit beaucoup plutôt que celle de tout autre objet, rien n'est plus vrai ; mais rien non plus n'est plus naïf, et la contestation sur ce point doit sembler impossible à quiconque n'est pas resté totalement étranger aux grands progrès qu'a réalisés la pensée philosophique dans les temps modernes. Si au contraire on veut dire par là que les choses sont ce qu'elles sont, et que nous les connaissons comme nous les connaissons, mais que nous les connaissons autrement qu'elles ne sont, il faut protester avec force ; parce que, dans ce cas-là, quoi qu'on en dise, la connaissance est purement illusoire, et la vie humaine est une simple fantasmagorie.

Nous admettons donc absolument l'existence réelle du monde extérieur ; et il ne peut là-dessus s'élever aucun doute, puisque, comme nous l'avons expliqué, le monde extérieur est un monde de substances et de causes, et que la substantialité et la causalité sont les caractères constitutifs, non pas de l'existence apparente et phénoménale, mais de l'existence réelle et absolue. Et non seulement le monde extérieur existe réellement, mais il est absolument tel que nous le connaissons. L'identité de la pensée et de son objet, à notre avis, est parfaite : et il faut bien qu'il en soit ainsi. Comment en effet la pensée pourrait-elle différer des choses, puisqu'elle est tout l'être des choses ; puisque l'esprit lui-même donne l'existence au monde extérieur, par cela seul qu'il le pense ?

A la vérité, il pourra paraître à bon nombre de personnes que le réalisme ainsi entendu ressemble fort à son contraire, et qu'il est ici uniquement dans les apparences et dans les mots. Proclamer l'univers véritablement existant, après avoir soutenu que cette existence est tout entière dans la pensée et par la pensée, cela a tout l'air d'une contradiction dans les termes. Nous persisterons cependant à penser que ces deux propositions sont absolument vraies l'une et l'autre, et nullement impossibles à concilier entre elles. Tout d'abord, il conviendra de faire là-dessus une réserve expresse. L'existence de l'univers est moins immédiate que celle de la pensée, puisqu'elle en dépend. Mais où a-t-on vu qu'une chose cesse d'être réellement existante, parce qu'elle dépend d'une autre chose qui est sa condition essentielle ? L'effet suppose la cause ; est-il pour cela moins réel que la cause elle-même ?

Quant à l'apparence d'une contradiction entre nos deux propositions, la cause, à ce qu'il semble, en pourrait bien être dans une illusion produite par des habitudes d'esprit invétérées, que l'on prend sans s'en douter pour des raisons claires et démonstratives. En général, quand on dit qu'une chose n'est que dans la pensée, comme par exemple une montagne d'or ou un centaure, cela signifie que cette chose n'existe point : dès lors cette proposition que le monde extérieur n'existe que dans la pensée paraît signifier clairement que le monde extérieur n'existe point. Mais il est visible qu'il y a là une confusion d'idées. Un centaure, une montagne d'or sont des représentations formées par nous au gré de la fantaisie, et composées d'éléments empruntés à un monde extérieur préexistant. Que ces créations du caprice ne trouvent point de place dans ce monde qui a ses lois et ses conditions propres nécessairement exclusives de tout ce qui y contredit, il n'y a pas lieu de s'en étonner. Mais comment oser prétendre que ce monde lui-même, par la seule raison qu'il n'a d'existence que dans la pensée, doit être tenu pour aussi vain et aussi peu réel que les fictions qu'il exclut? Les différences entre ces deux genres de conception ne sautent-elles pas aux yeux? D'abord, nous venons de le dire, la conception du monde extérieur est première et élémentaire, l'autre est postérieure et dérivée. Mais, ce qui est plus important encore, tandis que celle-ci a un caractère purement individuel, et procède du libre caprice de son auteur, de sorte qu'on peut la modifier à volonté, la conception du monde extérieur s'opère d'une manière nécessaire, et d'après des lois que nous subissons sans les connaître : par là même elle a le caractère de l'universalité absolue. Enfin, ce n'est pas seulement quant à la manière dont elle se constitue dans l'esprit que la conception du monde extérieur a un caractère frappant d'unité et de nécessité, c'est aussi et surtout quant au rapport de ses parties. Il y règne un ordre caché que la science a précisément pour objet de découvrir ; et quand, sous l'influence de causes ou de lois d'une portée secondaire, nous venons à nous représenter les choses autrement que l'esprit ne les a établies lui-même conformément à des lois antérieures et plus essentielles, nous en sommes punis par l'erreur ou par la souffrance. Donc, d'un côté, conception ultérieure, libre, variable, consciente ; de l'autre côté, conception primaire, nécessaire, universelle, inconsciente. En vérité, le passage de l'une à l'autre par inférence n'est-il pas bien hardi ; et parce que c'est exister trop peu que d'exister seulement sous la première forme, est-il permis de conclure sans autre raison que ce n'est pas exister vraiment que d'exister sous la seconde ?

Du reste, pour réfuter ce préjugé qu'exister seulement dans la pensée c'est la même chose que n'exister pas, nous ferons appel à ceux-là mêmes qui le partagent. Dira-t-on que le moi existe ailleurs que dans la pensée? Admettons pour un moment tout ce que l'on voudra sur l'existence d'un esprit en soi, substratum de la pensée, dont la pensée ne serait qu'une manifestation partielle. Il est bien certain au moins que le moi, le moi de la conscience, est tout entier dans la pensée. Or le moi est-il, ou n'est-il pas? Quelqu'un osera-t-il dire que *son* existence n'est pas réelle? que le *je* ou le *moi* qui est lui-même possède à ses yeux une existence qui, étant tout entière dans la pensée, ne lui paraît pas avoir le degré de consistance voulue? Et si le moi qui n'a point d'existence hors de la pensée n'en est pas moins très réel, pourquoi n'en serait-il pas de même du monde extérieur? L'univers, c'est la pensée en tant qu'elle est multiple et phénoménale; le moi, c'est la pensée en tant qu'elle est une et absolue. Est-ce que le premier de ces caractères n'est pas tout aussi essentiel à la pensée que le second? Pourquoi donc lui attribuer une réalité moindre? Le monde extérieur, encore une fois, existe au même titre et au même degré que le moi lui-même; n'est-ce pas assez, et que faut-il de plus?

Mais sans doute on voudra retourner contre nous le reproche que nous-même tout à l'heure adressions à Berkeley, celui d'être en opposition avec la conscience humaine. Il faut ici distinguer. Si l'on nous accuse d'être en opposition avec ce que les Écossais appelaient le *sens commun* ou le *bon sens,* nous acceptons pleinement le reproche. Il est en effet certain que le genre humain pris en masse croit à l'existence d'un monde extérieur existant en soi et duquel la pensée dépend, bien loin que ce soit lui qui dépende de la pensée. C'est que le genre humain est un matérialiste, et surtout un sensualiste obstiné. Mais la question est de savoir si cette manière de voir très universelle, nous le reconnaissons, et même très difficile à déraciner des esprits, est l'expression fidèle des lois les plus fondamentales de la pensée, ou bien si au contraire ce ne serait pas un simple préjugé, très général parce qu'il tient à des causes très générales, très tenace parce qu'il est très difficile de détruire les influences qui lui ont donné naissance, mais enfin un préjugé dont les origines sont assignables, et qui ne tient en rien à la nature intime de l'esprit. Or il nous paraît incontestable que là précisément est la vérité.

L'erreur du sens commun peut s'expliquer sans peine, disons-nous. Elle a en effet son origine dans la loi des Catégories elles-mêmes.

Ainsi que nous l'avons montré, l'esprit prend conscience de lui-même sous la forme du *moi* en tant qu'être réel et concret, à la condition de s'opposer un *non-moi* également réel et concret. Il n'est pas étonnant dès lors que l'esprit tendant à s'attribuer à lui-même une existence absolue, attribue également à l'univers une existence absolue ; en quoi du reste il ne fait rien que de très légitime. Si de plus, le sens commun considère le monde extérieur comme existant indépendamment de la pensée, c'est simplement, comme nous venons de le dire, que les représentations qui nous sont données de ce monde extérieur ont un caractère de fixité et de permanence absolues ; tandis que ce qui se présente à nous comme n'ayant de réalité que dans la pensée nous apparaît nécessairement comme un souvenir ou comme une conception de pure fantaisie. Quant à prétendre que cette croyance du sens commun tient à quelque élément constitutif de notre nature, à quelque loi primordiale de notre esprit, c'est ce que l'on n'a pas le droit de faire. L'affirmation de l'existence de l'univers comme tout à fait indépendante de la pensée est si peu même une loi de l'esprit, que cette prétendue existence indépendante ne peut pas entrer dans l'esprit, et que ceux qui la soutiennent le plus vivement parlent d'une chose dont ils n'ont pas la moindre idée.

Lorsque je dis d'un objet qu'il a telle couleur, telle forme, tel poids, je pense énoncer des données diverses de la représentation. Si l'on me dit que cet objet a d'autres propriétés encore que j'ignore, j'en conviendrai volontiers, car je ne pense point que ma représentation actuelle soit « la mesure de toutes choses, » et que mon esprit crée, pour les donner à cet objet, ses différentes qualités au fur et à mesure qu'il les pense. Je crois seulement que ces qualités cachées sont de nature à pouvoir entrer dans ma représentation le jour où je viendrai à les découvrir ; de sorte qu'elles en font partie déjà, sinon en fait, du moins en droit. Je crois encore que ce qui fait leur réalité présente, bien qu'elles ne soient perçues ni par moi ni par personne, c'est leur liaison nécessaire avec celles que je perçois, liaison en vertu de laquelle, si certaines conditions venaient à être remplies, je les percevrais infailliblement. Donc cet objet est pour moi un ensemble de représentations actuelles ou possibles. Vais-je supposer qu'il est autre chose encore, et par exemple, qu'il existe indépendamment de ma représentation de fait ou de droit ? Mais comment pourra-t-il exister ainsi ? Est-ce avec des qualités irréprésentables ? Celles-là pour nous n'étant absolument rien, nous n'avons pas le droit d'en parler, ni surtout de dire que nous concevons qu'il puisse en exister de telles. C'est donc avec des qualités représentables, et qui, par hypothèse, sont censées exister d'une manière absolue et indépendamment de toute représentation. Mais, rien que dans cet énoncé, il y a déjà une contradiction manifeste ; attendu que le représentable ne saurait être indépendant de la représentation : toute qualité susceptible de devenir objet de représentation est conditionnée d'après les lois de la représentation même, et par conséquent ne peut être dite absolue ; de sorte que le prétendu objet en soi ne peut exister, ni avec des qualités irréprésentables, ni avec des qualités représentables. Il est assez clair d'après cela qu'il ne peut pas exister du tout. Cependant il y a mieux encore à dire.

Pour que je puisse croire à l'existence de quelque chose qui subsiste en soi et indépendamment de ma représentation, il faut au moins que je conçoive cette existence, et, pour que je la conçoive, il est nécessaire que je pense l'objet lui-même, sous peine de concevoir l'existence de rien du tout. Cela étant, je puis très légitimement attribuer à d'autres esprits inférieurs, égaux ou supérieurs au mien, une existence absolue telle qu'est la mienne ; attendu que je comprends très bien que ce que je trouve réalisé en moi-même puisse être réalisé encore à des degrés divers en dehors de moi. Je puis même prêter une existence absolue aux objets de ma représentation : en le faisant, j'ai tort sans doute, puisque le représenté ne peut jamais être quelque chose d'absolu ; mais enfin je le puis, du moment que, ces objets de ma représentation, je les pense. Quant à la prétendue chose en soi, il m'est tout à fait impossible de la concevoir, puisque, par définition, elle n'est ni représentée ni représentable. Qu'est-elle donc pour moi ? Un mot, et un mot absolument vide de sens. En parler, et affirmer son existence, c'est donc un pur psittacisme ; c'est poser un jugement tel que celui-ci : x *est possible,* sans pouvoir déterminer x en aucune manière, ce qui réduit la proposition à n'avoir pas de sujet effectif, et à demeurer purement verbale.

Quelles que soient à cet égard les répugnances du sens commun, il est incontestable pour quiconque a tant soit peu réfléchi sur ces matières, que l'esprit ne connaît rien directement et immédiatement, sinon lui-même et sa pensée ; et que, pour avoir pris un caractère extérieur et objectif par rapport à l'esprit, le monde dans lequel nous vivons n'en est pas moins une représentation ou un groupe de représentations. Il est sans doute inutile d'ajouter que ces représentations par lesquelles est constitué l'univers sont l'œuvre de chacun de nous, et par conséquent sont purement individuelles. Mais, pour être à cet égard individuel et subjectif, l'univers n'en est pas moins à un autre point de vue réellement universel et objectif. Nos représentations en effet ne sont pas quelconques ; elles expriment tout d'abord l'esprit lui-même : mais la nature de l'esprit ne diffère pas d'homme à homme ; et nous avons même eu occasion de dire qu'entre l'homme et l'animal, et aussi sans doute entre l'homme et Dieu, les différences essentielles sont des différences de degré. De là il résulte que l'univers donné dans chaque esprit en particulier est pourtant universel. Puis la représentation obéit à des lois qui sont celles de l'esprit, mais que l'esprit n'a pas faites, et qu'il ne peut modifier ; d'où le caractère d'objectivité avec lequel nous apparaissent les choses extérieures. C'est précisément cet ordre absolu, cet enchaînement rigoureux de nos représentations qui constitue ce que la science appelle les lois des phénomènes, et ce qu'elle a pour objet de découvrir. C'est en vertu de ces lois que, par exemple, l'analyse de deux volumes d'eau résout cette eau en deux volumes d'hydrogène et un d'oxygène, que les orbites des planètes sont des ellipses dont le soleil occupe l'un des foyers, et le reste. En constituant la représentation actuelle, la représentation de fait, l'esprit pose donc en même temps une multitude sans fin de représentations qui sont nécessaires vu leurs rapports avec la première, et dont quelques-unes sont destinées à devenir plus tard des représentations actuelles, tandis que les autres demeureront indéfiniment à l'état de possibilités. Si donc l'esprit crée le monde, il ne le crée pas peu à peu ni successivement, mais tout d'un coup, et cela, lorsqu'il constitue l'une quelconque de ses représentations. Aussi, quand il découvre quelque vérité scientifique, ne fait-il que se répéter, et son existence passe à se répéter sans cesse sous mille formes, l'erreur consistant pour lui à s'écarter du thème qu'il a posé une première fois et pour toujours.

Ainsi, et pour nous résumer sur ce point, la doctrine idéaliste telle que nous l'entendons ne nie pas la réalité du monde extérieur : seule au contraire elle permet d'y reconnaître les caractères de l'existence véritable, la substantialité et la causalité. Si elle paraît nier cette existence, c'est seulement en un sens où cette existence est impossible et inintelligible ; de plus elle rend compte de l'illusion en vertu de laquelle les hommes tendent à attribuer à l'univers l'existence ainsi comprise. En même temps qu'elle reconnaît l'existence réelle de cet univers, la doctrine idéaliste explique encore le caractère d'objectivité qu'il possède, et l'universalité de la notion que s'en font les hommes et même les animaux. Enfin cette notion du monde extérieur, elle la reconnaît comme vraie et absolument adéquate à son objet, au lieu de la considérer comme illusoire et trompeuse. Par là elle nous a paru pouvoir, autant au moins qu'aucune des théories similaires, donner satisfaction aux besoins légitimes de la conscience humaine, en même temps qu'aux exigences impérieuses du véritable esprit et de la véritable méthode de la science ; et nous nous estimerions trop heureux d'avoir pu contribuer, si peu que ce soit, à son succès et à sa diffusion dans le monde.

CONCLUSION

Jusqu'à D. Hume, tous les philosophes, sauf Aristote et Leibnitz, se sont fait de la nature de l'esprit une idée telle qu'ils devaient, s'ils voulaient rester d'accord avec eux-mêmes, se représenter l'esprit comme naturellement indéterminé, comme quelque chose qui de soi-même et par son essence n'était rien. Ceux de ces philosophes qui n'admettaient pas la doctrine sensualiste paraissent ne s'être pas bien rendu compte de cette conséquence où aboutissait nécessairement pourtant leur théorie sur l'origine de nos idées. Les sensualistes au contraire l'aperçurent nettement de très bonne heure, et l'acceptèrent pleinement. Ils crurent même devoir employer une métaphore pour exprimer aussi clairement que possible leur manière de comprendre la nature de l'esprit, et pour cela ils empruntèrent à Aristote un terme dont celui-ci s'était servi dans un sens un peu différent, celui de *table rase*. La doctrine de la table rase était au fond une doctrine grossière ; aussi était-elle condamnée à disparaître devant les progrès de la pensée philosophique. Mais, comme c'était surtout dans l'école sensualiste qu'elle s'était produite sous sa forme la plus naïve et la plus contraire à la raison, c'est aussi de cette même école que vint la première protestation vraiment efficace contre une erreur vieille de tant de siècles. Hume et Condillac eurent les premiers le mérite de briser cette insoutenable fiction de la table rase. Ils pensèrent avec raison que nous n'avions aucune révélation de cet esprit que leurs prédécesseurs avaient supposé préexister à la sensation, et déclarèrent s'en tenir à l'affirmation des seuls phénomènes, fondant ainsi leur sensualisme sur une base infiniment plus rationnelle que celle sur laquelle Locke avait cru pouvoir s'appuyer. Il y avait donc, dans cette transformation de la philosophie des sens, un grand progrès au point de vue théorique ; mais la table rase ne disparut pas pour cela.

Dans l'école opposée à l'école empirique, on considérait comme inadmissible que la sensation fût le principe unique et la source de toutes nos idées. Aussi crut-on devoir doter l'esprit d'idées toutes faites, ou du moins de facultés, de dispositions innées à produire les idées. Nous ne nous attacherons pas à examiner quelle pouvait être la valeur théorique d'une pareille conception, et nous nous contenterons d'une simple observation. Les idées innées, par hypothèse, sont absolument primitives et irréductibles ; leurs objets ne peuvent donc être définis. De plus, par hypothèse encore, elles sont absolument étrangères à l'ordre expérimental ; leurs objets ne sont donc pas représentables, puisque très certainement rien ne peut entrer dans la représentation qui ne soit ou n'ait été donné dans l'expérience. Il semble bien, d'après cela, qu'une idée innée, ce soit l'idée d'une chose que nous ne connaissons point. Mais le point sur lequel nous voulons appeler l'attention, c'est que, par leur théorie de l'innéité, les idéalistes entretinrent, inconsciemment sans doute, mais très réellement néanmoins, l'erreur de la table rase ; et Kant lui-même qui n'était cependant pas, à proprement parler, un innéiste, ne sut pas éviter cet écueil. Qu'importe, en effet, d'où viennent à l'activité de l'esprit les déterminations qu'on lui attribue ? Si c'est de l'expérience sensible, on suppose que l'esprit a pu exister effectivement sans posséder aucune forme ni aucune nature propre : si ces déterminations sont, par rapport au temps, contemporaines de l'esprit lui-même, sans pour cela tenir à son essence, on admet que l'esprit était en soi indifférent à toutes les formes qu'il pourrait recevoir ; sorte de pâte molle qu'une main divine sans doute, mais enfin une main opérant du dehors a pétrie et façonnée. Dans les deux cas le résultat est le même, et nous sommes toujours en présence de cette absurdité d'une matière purement passive et absolument indéterminée, d'un esprit qu'on prétend être, sans accepter qu'il soit quelque chose. Or que sont les idées et les facultés innées de Descartes, que sont les Formes *a priori* de la Sensibilité et les Catégories de l'Entendement chez Kant, sinon des déterminations imposées du dehors à l'esprit supposé une passivité et une réceptivité pure ?

Essaiera-t-on de soutenir qu'admettre avec Descartes et avec Kant des facultés qui, pour être innées, n'en sont pas moins imposées à l'esprit en quelque sorte après coup, ce n'est préjudicier en rien à l'activité essentielle, et par conséquent à la réalité de ce même esprit ? Mais, dirons-nous, si l'esprit est réellement, s'il a son mode d'action propre, quel besoin a-t-il de déterminations nouvelles qui très certainement seront en opposition avec ses déterminations naturelles, et introduiront en lui le désordre et la confusion ? Ne pouvait-il pas être, en vertu de sa constitution même, tout ce qu'il fallait qu'il fût ; et était-il bien nécessaire que Dieu, en le créant, se donnât à lui-même une sorte de démenti, en défaisant son propre ouvrage au moment même qu'il le faisait ? Puis, ces déterminations dont on parle, l'esprit ne pouvait pas les recevoir ; il est ce qu'il est, et ne peut être autrement ; et s'il pouvait les recevoir, comme on le prétend, c'est qu'en tant qu'il les recevait il était passif, il était indéterminé, il était table rase, c'est-à-dire qu'il n'était pas.

Objectera-t-on d'autre part que, ni chez Descartes, ni chez Kant, les facultés innées n'ont le caractère de déformations de la nature primitive de l'esprit ; qu'elles ne viennent pas du dehors, qu'elles tiennent au contraire à sa constitution intime, qu'elles expriment l'esprit lui-même et rien autre chose ? Une telle assertion serait difficilement justifiable. Quoi que l'on fasse, il faut concevoir l'esprit comme une chose qui pense ou comme une pensée. Si l'on dit que l'esprit est une chose qui pense, il est autre chose que sa pensée même, il devient une sorte de substratum indéterminé, une véritable « pierre pensante » ; et dans ce cas, pour les raisons que nous avons indiquées, on est pleinement dans la théorie de la table rase. Si l'on dit que l'esprit est une pensée, il faut alors lui reconnaître les caractères de la pensée. Or la pensée est éminemment et sur toutes choses la pensée d'elle-même ; c'est-à-dire qu'elle est conscience. Si donc l'esprit est une pensée, il a de lui-même une conscience pleine, absolue, adéquate ; il se connaît lui-même par une intuition immédiate et parfaite ; et, s'il conçoit quelque chose en dehors de lui-même, il doit donner à cet objet de sa conception ses propres traits, ses propres caractères, puisque, pour pouvoir leur en attribuer d'autres, il faudrait qu'il en créât les notions. Donc l'esprit ne peut posséder aucun attribut dont il n'ait une pleine et absolue conscience ; et les déterminations de son activité, les lois suivant lesquelles il pense, viennent encore de cette conscience même, et ne peuvent exprimer autre chose que lui.

S'il en est ainsi, Descartes qui réduit l'esprit à n'être qu'une pensée pure, puisqu'il réduit à la pensée toute la substance spirituelle, semble bien être à l'abri de tout reproche, et ne devoir pas être compté parmi les partisans inavoués de la table rase. Mais ce n'est pas là, tant s'en faut, le véritable fond de la doctrine de Descartes ; et l'esprit pensée pure excluant toute détermination du dehors résumerait fort mal sa métaphysique. S'il dit quelque part qu'il y a seulement deux substances, l'étendue et la pensée, il définit ailleurs l'esprit « *une chose qui pense* »; et cette dernière proposition seule est compatible avec l'ensemble de sa doctrine sur l'origine des idées. Il se représente en effet l'esprit comme recevant à sa naissance un certain nombre d'idées, ou tout au moins la faculté de les produire ; et ces idées ne sont nullement données dans la conscience que l'esprit a de lui-même, puisqu'elles expriment tout autre chose que la nature de l'esprit. Par exemple, lorsqu'il vient à se demander d'où il tient l'idée de la perfection : « Je connus évidemment, dit-il, ... que je ne la pouvais tenir de moi-même; de façon qu'il restait qu'elle eût été mise en moi par une nature qui fût véritablement plus parfaite que je n'étais[1]. » Cette notion, à son avis, a été mise dans son esprit par Dieu, « *comme le sceau de l'ouvrier sur son ouvrage* ». Il faut donc renoncer à dire que Descartes n'admet point dans l'esprit de déterminations qui ne lui soient essentielles, et ne soient véritablement constitutives de sa nature.

---

1. *Discours de la Méthode.* 4ᵉ partie.

Il en est de même pour Kant. Sans doute la doctrine de Kant constitue, au point de vue où nous sommes placés en ce moment, un progrès considérable sur celles qui l'ont précédée, et une première réaction de l'école rationaliste et aprioriste contre la théorie de l'esprit passif et indéterminé ; puisque, suivant Kant, ce n'est plus dans les choses qu'il faut chercher à découvrir ce qui peut expliquer l'esprit, mais dans l'esprit qu'il faut chercher ce qui peut expliquer les choses. L'esprit dès lors, au lieu de recevoir la loi de l'univers, impose à l'univers sa loi. Mais, s'il est affranchi à ce point de vue, il n'en demeure pas moins pareil à « l'argile entre les mains du potier ». Pour les prédécesseurs de Kant, le potier c'était la nature extérieure, s'ils étaient sensualistes, ou Dieu lui-même, s'ils étaient rationalistes, mais Dieu obligé à pétrir et à façonner l'esprit de telle sorte que sa raison fût en harmonie avec les lois de la nature extérieure. Pour Kant, le potier c'est Dieu encore apparemment, mais Dieu affranchi cette fois de toute nécessité extrinsèque, et travaillant en toute liberté ; et cependant c'est Dieu imposant à l'esprit des déterminations que sa nature et son essence ne comportaient pas par elles-mêmes. Nulle part, que nous sachions, il n'est dit dans les ouvrages de Kant que l'esprit humain aurait pu recevoir d'autres déterminations que les Formes de la Sensibilité et les Catégories de l'Entendement ; mais c'est une conséquence manifeste de la doctrine, et si des Kantiens voulaient le nier, il n'en resterait pas moins incontestable que ces déterminations de l'esprit faussent sa nature et son essence, puisque, comme nous l'avons dit plus haut, une détermination quelconque de l'esprit ne peut être qu'une nécessité pour lui d'étendre à la totalité des choses les notions qui lui viennent de la conscience, et que très certainement ni les Formes de la Sensibilité, ni les Catégories de l'Entendement ne présentent ce caractère.

Ainsi chez Descartes, et encore après lui, chez Kant, l'esprit est supposé recevoir des déterminations à penser qu'il pourrait aussi ne recevoir pas ; et dès lors il est certain, en dépit de l'innéité qu'ils invoquent ou de l'apriorisme qu'ils professent, que l'esprit, dans la doctrine de ces deux philosophes, est dans son fond et dans sa nature intime, entièrement passif et indéterminé ; c'est-à-dire qu'il est table rase, ou mieux encore qu'il n'est rien.

Au commencement de ce siècle, un philosophe français, Maine de Biran, fit pour la doctrine rationaliste ce que Hume avait fait pour la doctrine empirique : il la débarrassa de la table rase. Mais, moins heureux que son devancier de l'école adverse, il n'eut pas l'honneur de rendre complète la défaite de l'ennemi, et de voir passer dans son camp tous ceux qui comme lui croyaient à la nécessité de reconnaître dans l'esprit autre chose que le pur et simple phénomène de la sensation. Pour des raisons tout autres que celles que nous avons exposées, par aversion surtout pour les innéités injustifiées, Maine de Biran chercha dans la conscience que le sujet pensant a de lui même l'origine de toutes les notions fondamentales, et celle de tous les principes rationnels au moyen desquels nous pensons et concevons les choses en dehors de nous. Si la méthode par laquelle il crut pouvoir rattacher à la conscience ces notions et ces principes était peut-être défectueuse, il faut reconnaître pourtant que l'idée mère du système était d'une justesse et d'une profondeur admirables. Comme il fondait sur l'expérience interne la raison tout entière, il a pu passer quelquefois pour un demi-empiriste ; mais ce demi-empiriste, si l'on veut s'obstiner à le nommer ainsi, a été le seul avec Leibnitz, qui du reste lui avait préparé les voies, ou du moins a été le premier qui ait eu de la nature de l'esprit une idée vraiment exacte et profonde, et qui l'ait conçu comme il faut le concevoir pour que sa réalité ne devienne pas impossible.

Le reproche d'empirisme, si c'en est un, — car en vérité ce n'est pas juger une doctrine que de lui appliquer une épithète, — est du reste aussi peu applicable que possible à Maine de Biran. Le trait caractéristique de la philosophie empirique, c'est de subordonner l'esprit aux choses, de faire constituer en quelque sorte l'esprit par les idées qui lui viennent des choses. Comment d'après cela traiter d'empiriste un philosophe qui subordonne tout à l'esprit ; aux yeux duquel l'univers n'est intelligible ni même réel qu'à la condition d'obéir à des lois qui soient en harmonie et en correspondance exacte avec celles de l'esprit, ces dernières étant par leur nature antérieures et supérieures à toutes les autres ? Nous aurions cru, pour notre part, que le nom d'empiristes convenait beaucoup mieux à des philosophes qui, donnant à l'univers une existence indépendante et une sorte d'autonomie par rapport à l'esprit, font de nos représentations des copies des choses extérieures, et assujettissent l'esprit aux lois d'un monde dont il dépend nécessairement, puisque ce n'est pas ce monde qui dépend de lui.

Mais peut-être le reproche d'empirisme

adressé à Maine de Biran a-t-il une cause spéciale. Maine de Biran n'admet pas qu'il puisse exister dans l'esprit aucune idée qui ne procède directement ou indirectement de l'expérience, et surtout de l'expérience interne, de la conscience. Le grief, à notre avis, serait peu sérieux. Discuter à fond la question à ce point de vue serait ici hors de saison. Les arguments qu'on pourrait invoquer contre cette théorie cartésienne d'après laquelle nous aurions des conceptions spontanées, ou plutôt des intuitions, des révélations de ce dont nous n'avons nulle expérience par les sens ou par la conscience, sont nombreux et probants. Contentons-nous de rappeler, ce qui est notre point de vue spécial, que ces intuitions, ces révélations, supposent des facultés particulières qui ne tiennent en rien à la constitution intime de l'esprit, et ne semblent pouvoir qu'en fausser la nature.

L'esprit est roi ou il n'est rien. S'il n'a pas en lui-même la raison dernière de la pensée qui fait tout son être ; s'il faut qu'il représente un monde existant en dehors de lui et sans lui, peu importe qu'on admette une intervention directe des choses dans la production de la pensée, ou seulement une concordance entre les lois de la pensée et celles des choses ;

l'esprit, dans un cas comme dans l'autre, est subordonné ; sa nature, sa constitution sont l'œuvre de puissances étrangères ; il subit leur action, il est passif, il est table rase. L'esprit n'est donc réellement qu'à la condition d'être absolument autonome, et par conséquent de ne recevoir de lois que de lui-même ; ce qui revient à dire qu'il puise dans la conscience de soi les éléments de toute pensée relative à ce qui n'est pas lui. L'idéalisme de Maine de Biran n'est donc pas seulement une doctrine pure de tout alliage empirique ; c'est encore la seule forme de l'idéalisme qui ne se confonde pas fatalement avec l'empirisme qu'elle prétend combattre.

Ainsi, point de facultés dans l'esprit ; point de déterminations à penser qui y soient *innées* au sens que l'on donne ordinairement à ce mot. L'esprit est essentiellement une pensée pure sans autre objet qu'elle-même, et à cet égard, sa filiation par rapport à l'esprit divin est immédiate. Quant aux déterminations à penser que nous y devons reconnaître, elles tiennent, non pas à ce qu'il est, mais plutôt à ce qu'il n'est pas, c'est-à-dire à ce qui lui manque : ce sont tout à la fois les conséquences et les indices certains de son imperfection. Nous avons essayé de montrer comment elles s'y produisent, et comment elles deviennent les causes génératrices de cet univers. Ainsi c'est dans l'esprit, et dans l'esprit tout seul qu'il faut chercher la raison dernière de toutes choses, et de ce qui passe et de ce qui demeure, et de l'apparence et de la réalité, et du moi et de l'univers : dans l'esprit, disons-nous, défini une pensée qui se pense elle-même ; et, comme cette dernière proposition est tautologique, il nous sera permis de nous résumer sous cette formule plus brève : le principe de toutes choses, c'est une pensée, ou plutôt, c'est la pensée.

La conclusion nécessaire de la théorie dont nous venons d'esquisser les principaux traits c'est l'idéalisme, et c'est le terme auquel nous devons nous arrêter. Du reste nous ne nous dissimulons nullement que ce point auquel aboutit logiquement la présente étude est précisément celui à partir duquel commencent les difficultés les plus grandes. Une théorie de la connaissance ne peut jamais être qu'une introduction à l'étude de la philosophie elle-même. Quand elle a été constituée, toute la métaphysique de la nature et celle de l'esprit restent à faire. Or c'est là la grande œuvre, une œuvre qui, à vrai dire, passe infiniment les forces d'un seul homme, et celles même de toute une génération. Ajoutons que cette œuvre, dans les conditions où nous sommes placés, étant donnée notre théorie de la connaissance, présente des difficultés particulièrement redoutables. Il existe du problème métaphysique général des solutions assez simples, celle qui consiste par exemple à supposer qu'il y a entre les différentes substances dont l'univers des choses en soi est composé, une certaine communication et une action réciproque ayant pour résultat la multiplicité des phénomènes d'où résulte pour nous l'univers sensible. Cette solution et d'autres encore qui s'en rapprochent plus ou moins une fois écartées comme insuffisantes, nous voilà contraints de chercher des solutions plus complexes. Ajoutons que la nature même des prémisses que nous avons posées n'est pas telle qu'on puisse se flatter d'en tirer aisément la conclusion. Ainsi nous avons parlé d'une pensée plus intime et plus profonde, hétérogène à la représentation proprement dite, et qui n'est autre chose en réalité que l'action de l'esprit dirigeant la pensée actuelle et représentative. Si l'on admettait nos principes, il faudrait nécessairement étudier cette pensée plus intime dont nous n'avons pu que dire un mot en passant et de la manière la plus vague. Ce serait toute une théorie de la sensibilité et de la volonté à constituer. Mais la difficulté capitale serait encore d'expliquer les relations des esprits entre eux et avec l'univers de leur création; surtout si la réalité du devoir et de la responsabilité morale était déclarée définitivement incompatible avec le déterminisme, et s'il fallait faire une part à la contingence dans les phénomènes, ce qui forcerait à expliquer comment cet univers, sans être dans sa totalité le produit de lois inflexibles de notre constitution mentale, est pourtant le même pour tous les esprits; et comment les modifications contingentes que chacun y peut apporter ont un écho dans la conscience des autres. Puis, combien de problèmes se rattachant à ceux-là, qui se présentent d'eux-mêmes à l'esprit, et dont la complexité est effrayante !

Heureusement, celui qui voudrait aborder une pareille étude ne serait pas condamné à y entrer au hasard. Le résultat capital auquel nous aboutissons si nous ne nous sommes pas absolument trompé, ce n'est pas seulement de poser la question métaphysique un peu autrement qu'on ne la pose pour l'ordinaire, c'est aussi de fournir une méthode qui puisse servir à la résoudre. Cette méthode est celle qui consiste à étudier les manifestations spontanées de l'activité de l'esprit, à en dégager les notions qu'elles contiennent, lesquelles ont une valeur absolue au point de vue métaphysique, et à prendre ces notions comme point de départ et comme base de la théorie. Si la difficulté de l'entreprise est grande, il semble bien qu'en revanche il soit possible d'attendre les plus magnifiques résultats d'une pareille méthode habilement mise en œuvre. Par exemple, quelle lumière une connaissance précise de la nature de la causalité ne jetterait-elle pas sur la *quæstio vexata* de la liberté et du déterminisme ! Du reste il ne faut pas se dissimuler qu'en suivant cette voie, on pourrait être conduit à des solutions plus ou moins opposées à bon nombre de propositions que nous avons cru jusqu'ici pouvoir considérer comme des vérités acquises. Il se pourrait fort bien, par exemple, que la métaphysique nous amenât à reconnaître, non pas sans doute un monde d'entités absolument hétérogènes à l'esprit, et qui, par essence, seraient inintelligibles, car cela est absurde, mais peut-être une sorte d'action des esprits les uns sur les autres, hypothèse que la théorie de la connaissance semblait nous obliger à rejeter totalement. C'est que, dans ce cas, nous reviendrions à cette hypothèse par le véritable chemin ; et qu'il n'est nullement impossible qu'une théorie rejetée à bon droit quand on était placé à un certain point de vue, doive être pleinement acceptée quand on s'est placé à un point de vue différent. Ajoutons que si l'emploi régulier de la méthode nous conduisait à reconnaître l'existence d'une telle action, ce ne serait plus sans en déterminer la nature en quelque manière, ce qui est évidemment le point capital de la question.

Quoi qu'il en soit, il nous serait impossible de prévoir dès maintenant à quel point doit aboutir la voie que nous nous sommes efforcé d'indiquer. Cette voie est un tunnel dont nous ne pouvons que montrer l'orifice, laissant à de plus braves et à de plus forts l'honneur de s'y engager ; si toutefois il en est parmi ceux qui sont braves et forts, qui veuillent bien se résoudre à tenter l'entreprise. Nous avons cru entrevoir une nouvelle manière de poser le problème métaphysique, et une nouvelle méthode pour le résoudre : qu'on nous pardonne cette témérité ; mais nous n'avons jamais prétendu rechercher ni fournir la solution du problème lui-même.

NOTE I

SUR LA QUESTION DE L'INFINITÉ DU MONDE QUANT A L'ESPACE
ET QUANT AU TEMPS

Les considérations développées au chapitre III de cet ouvrage paraissent devoir nous permettre de résoudre une question qui a préoccupé les métaphysiciens, et que Kant a regardée comme constituant une antinomie absolue, ce qui revenait à la déclarer insoluble. Cette question est celle de la limitation ou de l'illimitation du monde quant à l'espace et quant au temps.

On reconnaît de suite qu'il s'agit ici d'une question de fait : le monde est-il actuellement étendu sans fin ou non ? le monde a-t-il au moment présent duré un nombre infini de jours, d'années, de siècles, ou non ? Du reste, pour être une question de fait, l'infinité ou la non-infinité du monde n'en présente pas moins ce caractère particulier de relever, non de l'astronomie ou de toute autre science de la nature, mais de la métaphysique. C'est évidemment le métaphysicien seul qui peut la résoudre, si toutefois elle n'est pas insoluble par nature.

Quant à l'espace, M. Renouvier et plusieurs autres philosophes croient devoir nier l'infinité du monde, parce que, disent-ils, cette infinité est contradictoire, impliquant le nombre infini réalisé. Pour nous, nous pensons que, dans la raison qu'on allègue, il y a une confusion. On conçoit, à ce qu'il semble, que la contradiction puisse s'introduire dans nos représentations à deux points de vue différents : ou bien la représentation est telle que l'on s'engage dans des contradictions inévitables si l'on veut la considérer comme autre chose qu'une représentation, et lui attribuer les caractères d'une chose en soi ; ou bien la représentation considérée comme telle, et indépendamment de toute hypothèse sur la réalité absolue de son objet, contient des éléments qui s'excluent les uns les autres, et dans l'opposition desquels la pensée entre en lutte avec elle-même. La représentation admet bien la contradiction au premier point de vue, et nous l'avons montré amplement, d'accord avec M. Renouvier lui-même ; au second point de vue, elle ne l'admet pas. La raison en est que la pensée opère suivant ses lois, lesquelles expriment sa nature, et que ces lois, expression de sa nature, ne peuvent la jeter dans des contradictions où elle s'anéantirait. Si donc tous les arguments que l'on peut opposer à l'infinité du monde quant à l'espace peuvent se réduire à celui de la contradiction, comme le pense d'ailleurs M. Renouvier[1], toute la question se réduit à déterminer si l'infinité du monde en extension est contradictoire au premier point de vue ou au second.

Que l'infinité en extension d'un monde existant en soi et indépendamment de la représentation soit contradictoire, nous l'accordons sans peine. Elle est contradictoire au même titre que l'indéfinie divisibilité d'une partie limitée quelconque de ce monde, que le mouvement dans ce monde, etc. Dans tous ces différents cas, c'est toujours le nombre infini actuel et réalisé que l'on pose, et c'est là qu'est la contradiction. Donc l'infinité du monde quant à l'espace est contradictoire au premier point de vue, cela est bien certain, mais cela n'est pas une raison suffisante pour la nier, pas plus que nous ne pouvons nier l'extension limitée qui a le même caractère.

Au second point de vue, cette infinité est-elle également contradictoire? Oui, s'il faut qu'elle entre effectivement dans une représentation

---

1. *Logique*, t. III, p. 67.

concrète donnée. Toute représentation, disons-nous, est nécessairement limitée ; parce que, si elle ne l'était pas, le nombre infini y entrerait à l'état d'acte et de réalité positive ; de sorte que la représentation considérée en elle-même et pour elle-même enfermerait des éléments contradictoires, ce qui est impossible. C'est pour cela que, lorsque nous poursuivons par la pensée la division d'un élément matériel, nous nous arrêtons nécessairement à un terme fini. Mais, s'il n'entre pas dans la représentation à l'état d'acte, le nombre infini peut y entrer à l'état de puissance ; et nous le voyons bien, puisque, de l'aveu de tout le monde, une étendue limitée quelconque nous apparaît rationnellement comme indéfiniment divisible, quoique nous ne puissions en aucune façon nous représenter son infinie division. Rien n'empêche donc, semble-t-il, que le monde soit indéfiniment étendu, comme il est indéfiniment divisible, et par conséquent qu'il offre un champ illimité à la représentation dans le sens de la multiplication de ses éléments, comme dans le sens de leur division.

Si l'illimitation du monde quant à l'espace ne présente rien qui introduise dans la représentation des éléments contradictoires, la limitation du monde au contraire présenterait ce caractère au plus haut degré. On peut le prouver de plusieurs manières.

1° Supposer que la course d'un mobile puisse se prolonger en dehors des limites du monde; c'est une absurdité pure et un non-sens. D'autre part, en vertu des lois du mouvement, lois qui sont données dans la représentation, et en constituent des conditions très essentielles parce qu'elles sont très générales, un mobile soustrait à l'action de quelque force que ce soit, devrait marcher *indéfiniment* dans l'espace suivant la même direction et avec la même vitesse. Et qui peut fonder cette possibilité indéfinie du mouvement qu'impliquent les lois fondamentales de la représentation, sinon l'infinité du monde ? N'est-il pas évident en effet que si le monde avait des limites, si reculées qu'elles pussent être, le mobile que nous supposions tout à l'heure y atteindrait nécessairement à un moment donné ; de sorte qu'il faudrait, ou bien qu'il sortît des limites de l'univers et de l'espace, chose inintelligible, ou bien qu'il cessât de se mouvoir, chose contradictoire avec les lois formelles de la représentation ?

2° Si le monde est limité, il peut entrer tout entier, quelque grand qu'il soit, dans une représentation concrète donnée. Il importe peu du reste que cette représentation passe la puissance de l'esprit humain. Je puis supposer de plus que cette représentation de l'univers en totalité n'épuise pas la puissance de l'esprit dans lequel elle se produit. Cet esprit pourra donc se représenter davantage, imaginer ou percevoir au delà. Or, en quoi ce qu'il ajoutera ainsi à la représentation du monde differera-t-il du monde lui-même ; puisque, comme nous nous sommes efforcé de le démontrer plus haut, toute la réalité du monde est dans la représentation actuelle ou possible ? Le droit que nous possédons de concevoir une puissance de plus en plus grande de l'esprit et une portée de plus en plus étendue de la représentation, implique donc l'extension illimitée de l'univers des corps.

La question nous paraît par là définitivement résolue. Si l'infinité du monde quant à l'espace n'introduit rien dans la représentation qui la rende contradictoire, et si, au contraire, la négation de cette infinité est en contradiction avec des données positives de la représentation, c'est que le monde est infini quant à l'espace ; de sorte que, par exemple, au delà de ces astres qui gravitent à des milliards de lieues de nous, il doit en exister d'autres aussi distants des premiers que ceux-ci le sont de notre terre, puis au delà de ces autres d'autres encore, et ainsi de suite sans fin. Nos astronomes peuvent donc perfectionner leurs télescopes et les instruments qui leur servent à la mesure des angles ; la nature tiendra toujours en réserve des secrets qu'elle ne veut pas leur livrer.

Cependant une difficulté reste à éclaircir. Ces mondes qui sont hors de la portée de notre expérience, qui par conséquent n'appartiennent point à la représentation, et qui pourtant ne sont que dans la représentation et pour la représentation, que sont-ils ? Nous répondrons : Ils sont ce que sont les objets les plus rapprochés de nous, quand ils sont soustraits à notre expérience actuelle. Ces astres, pour n'être point en soi et n'être point perçus, n'en sont pas moins réels pour cela, absolument comme est réel le feu de bois que je laisse chez moi en fermant la porte, et qui continue à brûler en mon absence. Ils sont des objets permanents de sensations possibles. Nous avons dit plus haut que l'esprit constituant l'une quelconque de ses représentations en pose par là même un nombre illimité d'autres, qui toutes sont nécessaires vu leurs rapports avec la première, et qui toutes peuvent devenir actuelles à un moment donné. Dire que l'univers est infini en extension, c'est donc dire que l'esprit l'a constitué tel dans la représentation, que le champ de notre expérience possible y est sans limites.

On résoudrait d'une façon tout à fait analogue la question de l'infinité du monde par rapport au temps. Cette infinité considérée comme absolue, c'est-à-dire comme réelle en soi et indépendamment de la représentation, est une contradiction pure et une absurdité. Cependant on conçoit qu'elle puisse entrer dans la représentation, non pas en fait sans doute, mais en droit, de la même manière que l'infinité du monde quant à l'espace. Or l'infinité du monde quant au temps, — évidemment quant au temps passé, — entre effectivement en droit dans la représentation ; et le nier serait se mettre en opposition formelle avec les données les plus positives et les plus fondamentales de la représentation elle-même. En effet, l'état présent des choses et du monde a sa raison d'être dans l'état antérieur, l'état antérieur dans l'état qui l'a précédé, et ainsi de suite ; sans que la pensée, si loin qu'elle remonte dans la série du passé, puisse jamais rencontrer un état initial et sans antécédent. Donc, à s'en tenir au point de vue de la représentation, le monde nous est donné comme n'ayant point eu de commencement dans le temps. Du reste, c'est là une nécessité toute conditionnelle ; et si, pour une raison ou pour une autre, nous croyions devoir affirmer l'existence passée d'un état du monde et des choses qui n'avait point sa raison d'être dans un état antérieur, mais dans l'intervention d'une puissance supérieure au temps, alors rien ne nous obligerait à remonter au delà, et l'état en question devrait être regardé par nous comme véritablement premier dans la série. La représentation ne contredit donc pas le dogme de la création ; mais elle ne l'implique pas non plus, et c'est à tort, à notre avis, que M. Renouvier considère « l'éternité du temps passé comme impliquant contradiction, et conduisant à la démonstration de la nécessité d'un premier commencement des choses [1]. » Cela serait vrai si le temps pouvait être un absolu, mais nous savons qu'il est purement relatif, et à ce titre, il nous est donné dans la représentation comme n'ayant pas eu de commencement.

Aussi ne semble-t-il pas que l'on soit bien fondé à faire, comme il arrive souvent, reproche aux savants de méconnaître le dogme de la création. Comment en effet veut-on qu'ils puissent le

---

1. *Logique,* tome III, p. 70.

reconnaître ? — en tant que savants, bien entendu. N'est-il pas évident que l'état initial du monde, celui dans lequel il a été créé, et qui n'a point eu d'antécédent réel avait néanmoins un antécédent scientifique, puisqu'il aurait pu tout aussi bien provenir d'un état antérieur, lequel eût été le premier, tandis qu'il n'eût lui-même été que le second ? Comment donc le savant qui ne voit que les faits pourrait-il déterminer lequel de ces deux états a été l'état initial du monde ? Et il est clair que la difficulté reste la même, si loin que l'on remonte dans la série des états successifs qui ont constitué dans le passé la vie de l'univers. Donc, au point de vue de la science, il est incontestable que le monde n'a point eu de commencement, c'est-à-dire qu'il est infini dans le passé ; et aussi que le savant est absolument dans son droit quand il fait profession d'ignorer les origines des choses. Allons plus loin, et disons que les préventions de la plupart des spiritualistes et des philosophes chrétiens contre la théorie de l'évolution nous paraissent mal justifiées. Le bien fondé de cette théorie est au contraire l'évidence même, non pas, nous le voulons bien, sous la forme que lui a donnée Darwin ou sous celle de M. Herbert Spencer, mais dans ses grandes lignes et dans son esprit général ; et cela, par la simple raison que chacun des états du monde dans le temps contient en germe l'état qui le suivra et qui différera de lui ; de sorte que l'état actuel a sa raison d'être dans toute la série des états antérieurs, et que la succession des choses est une évolution perpétuelle.

Nous aurions pu nous poser à propos de la première des quatre antinomies de Kant relative à l'indéfinie divisibilité des corps, une question tout à fait analogue à celle que nous venons d'étudier, et la solution eût été la même. Nous avons préféré nous borner à celle-ci, comme présentant plus d'intérêt. Pour nous résumer sur ce point, nous formulerons ainsi notre conclusion qui embrasse les deux antinomies à la fois.

Si l'on considère le temps et l'espace comme des absolus, il est très vrai que les deux solutions contradictoires présentées respectivement pour chacune des deux premières antinomies se valent, et qu'il est impossible de choisir entre elles ; mais il n'en est plus de même si l'on prend le temps et l'espace pour ce qu'ils sont, c'est-à-dire pour de simples données de la représentation. Alors, et c'est un point que Kant a eu le tort de méconnaître, l'une des deux solutions pour chaque antinomie vaut seule et à l'exclusion de l'autre. Dans l'univers de notre représentation, il faut admettre que les corps sont indéfiniment divisibles, et que le temps et l'espace sont infinis.

SUR LA QUESTION DU VIDE

La vieille question du vide et du plein peut se résoudre de la même manière, et par des considérations du même ordre.

Le grand argument des adversaires du vide, c'était que le vide est contradictoire, parce que, entre les parois des atomes supposés emprisonner entre eux un espace vide, il n'y aurait rien, et que ce rien pourtant aurait une grandeur et des dimensions déterminées ; que le vide absolu, c'est le néant, et que le néant ne peut ni exister ni être conçu. Il faut reconnaître que cet argument est d'une grande force, et l'on ne voit pas bien quelle réponse on y pourrait faire. Sur le terrain de la discussion rationnelle, les adversaires du vide triomphaient donc pleinement.

Les adversaires du plein se plaçaient à un

autre point de vue, celui de l'expérience, invoquant les faits bien connus de la compressibilité et de l'élasticité des corps, et surtout l'impossibilité du mouvement dans l'hypothèse du plein. Les partisans de cette hypothèse crurent cependant pouvoir leur répondre, et c'est dans cette intention que Descartes imagina sa fameuse théorie des tourbillons ; mais il est certain que cette solution était loin d'être satisfaisante. Il y a longtemps que la théorie des tourbillons est jugée et condamnée, ce qui à la rigueur nous dispenserait fort bien d'en faire la critique. Rappelons toutefois et très brièvement quelques-unes des objections qu'on y peut opposer.

Elle introduit dans le monde la nécessité universelle sous le nom de solidarité, parce qu'en raison du plein absolu, il serait impossible qu'une parcelle quelconque de matière se déplaçât dans l'espace, sans que toute la masse se déplaçât en même temps, et de la manière qu'il convient pour permettre le déplacement de cette parcelle.

De plus, cette nécessité serait une nécessité purement géométrique, excluant toute intervention des penchants et de la sensibilité dans la production de nos actes, et faisant de ces penchants des *épiphénomènes,* comme on dit aujourd'hui, sans aucune action ni influence sur la conduite de notre vie.

Ajoutons que cette nécessité universelle serait le désordre universel et la négation même de la science. En effet, un mouvement ne peut avoir sa raison d'être que dans une impulsion résultant d'un mouvement antérieur : or il n'y a ici ni choc ni impulsion. Chaque parcelle de matière est supposée absolument autonome. Nous demanderons qui la gouverne, qui produit son mouvement, et pourquoi ce mouvement est tel. A ces questions, sans doute, Descartes n'eût pas été embarrassé pour répondre : il tenait une solution toute prête, sa théorie de la création continuée ; mais c'est une solution qu'il est bien permis de récuser, et il ne semble pas qu'il en puisse exister une autre.

Ce n'est pas tout. Dans le mouvement de cette parcelle que nous considérons et qui est supposée autonome, les parcelles plus petites qui la composent se désagrégeront et prendront nécessairement des directions différentes. Donc il ne faut pas, d'une part, parler de l'autonomie de cette parcelle qui ne demeure pas entière deux instants consécutifs seulement ; et d'autre part, nous sommes conduits logiquement à reconnaître à la matière, non pas la divisibilité à l'infini, mais une division sans fin de ses parties actuelle et réellement effectuée.

La conséquence de tout ceci, c'est que l'hypothèse des tourbillons doit, malgré le grand nom de son auteur, être considérée comme une absurdité pure ; et, comme il ne semble point que les partisans du plein aient jamais pu en produire une meilleure à l'appui de leur théorie, nous sommes en droit de conclure que leurs adversaires raisonnaient juste et étaient pleinement dans la vérité.

Ainsi, chose étrange, ceux qui soutenaient le plein avaient raison au point de vue de la raison, et ceux qui soutenaient le vide avaient raison au point de vue de l'expérience. Quel embarras d'avoir à décider entre deux autorités aussi respectables que la raison et l'expérience ! Mais heureusement nous avons le moyen d'en sortir. Tout d'abord, l'antinomie très réelle et très absolue que nous venons de constater nous est une preuve incontestable que les corps étendus, objet du litige, n'ont de réalité que dans la représentation ; et cette simple observation faite, la difficulté s'évanouit d'elle-même. Quel est en effet, dans la question, le point de vue vrai et utile à considérer ? Evidemment c'est celui de l'expérience. Du moment que les corps étendus ne sont que dans et pour la représentation, c'est la représentation qu'il faut mettre d'accord avec elle-même, c'est l'expérience qu'il faut rendre possible. Donc, dans les corps, il y a du vide. Quant à ceux qui tiennent pour le plein, et qui voient des absurdités dans l'hypothèse du vide, nous leur ferons observer que leurs objections fort justes si les corps étaient des choses en soi, perdent toute leur valeur dès que l'on considère les corps comme de simples données de la représentation. Si l'existence du vide absolu est une contradiction, il n'en est pas de même pour le vide représentatif. On prétend que le néant n'est pas quelque chose, et ne peut occuper une place dans un corps. Fort bien, mais le vide simple donnée de la représentation n'est pas plus le néant qu'il n'est son contraire : il est tout justement aussi réel que le plein des atomes qui le suppose, et qu'il suppose à son tour.

Mais, dira-t-on, si vous admettez que le vide est une donnée de la représentation, vous admettez donc qu'il est représentable, sinon en fait, puisque nous ne percevons point les atomes ni leurs intervalles, du moins en droit. Or comment le vide pourrait-il être représentable ? — Il faut ici distinguer. Qu'entend-on lorsque l'on demande si je puis me représenter ou percevoir le vide ? Peut-on dire que je ne puis avoir la perception du rien ? Sous cette forme l'objection serait spécieuse : il est certain que le rien ne peut pas faire l'objet d'une perception. Il n'en est pas moins vrai que constamment je perçois des corps distants les uns des autres, et entre lesquels je ne perçois rien. Opposera-t-on que l'espace ainsi perçu par moi n'est pas vide, puisqu'il est plein d'air, et sans doute, d'un corps plus subtil que l'air ? Et qu'importent ici cet air et ce corps subtil que je ne perçois pas ? Ce que je perçois, c'est un espace vide ; donc le vide peut bien, quoi qu'on en dise, entrer dans ma représentation.

Si maintenant l'on venait soutenir qu'il faut distinguer, comme nous l'avons fait nous-même plus haut, entre la représentation de fait et la représentation de droit ; que nos sens peuvent bien nous donner l'illusion du vide, mais qu'en réalité, lorsque nous constituons la représentation, nous la constituons avec les caractères du plein, de même que nous constituons celle de l'eau telle que l'analyse y doive découvrir deux volumes d'hydrogène pour un d'oxygène, nous répondrions : c'est la question même. Vous la résolvez à votre point de vue, mais vous la résolvez mal. La représentation se constitue réellement avec les caractères du plein et du vide, puisqu'elle se constitue telle que les corps sont compressibles et mobiles. Si au contraire elle se constituait comme vous le dites, elle se détruirait elle-même, puisque le mouvement y serait impossible.

Il n'y a donc pas lieu, à ce qu'il semble, de s'arrêter aux objections que l'on pourrait formuler contre la doctrine du vide. Au point de vue purement philosophique, cette doctrine appuyée des considérations que nous avons présentées paraît établie avec une parfaite évidence; et c'est du reste la seule, comme on le sait, que puissent accepter les sciences de la nature.

TABLE DES MATIÈRES

Chapitre Ier. — Deux questions distinctes que Kant a négligé de traiter séparément : 1° Le temps et l'espace sont-ils de pures données de la représentation sans réalité objective ? — 2° Le temps et l'espace sont-ils des *formes a priori* de la sensibilité, ou seulement des caractères universels de nos représentations dont le principe serait dans une forme antérieure et plus fondamentale de l'activité de l'esprit constituant l'expérience.. 1

Chapitre II. — La doctrine de la relativité du temps et de l'espace dans l'histoire. — Les Eléates, Platon, les Alexandrins. — Leibnitz. — Berkeley, Hume et Kant. — La véritable méthode à suivre pour établir cette doctrine c'est de prouver que l'hypothèse d'un temps et d'un espace existant indépendamment de la représentation implique des contradictions.. 6

Chapitre III. — Nous établirons par quatre arguments différents qu'un continu quelconque, temps ou espace, ne peut exister en dehors de la représentation. — 1° Parce que tout continu est indéfiniment divisible. — 2° Parce que sa réalité objective impliquerait un nombre infini réel de parties. — 3° Parce qu'il serait nécessairement composé, s'il existait en soi, et que d'autre part l'analyse et la synthèse en seraient également impossibles. — 4° Parce que, lorsqu'un objet continu nous apparaît sous telle grandeur, nous ne pouvons jamais lui attribuer ni cette grandeur, ni même aucune grandeur comme lui appartenant d'une manière absolue : de sorte que l'objet en soi ne peut avoir aucune grandeur....... 16

Chapitre IV. — Passage à la seconde question. — Raisons qui doivent nous faire douter de prime abord que le temps et l'espace soient des formes *a priori* de la sensibilité. — On essaiera une solution expérimentale du problème....... 44

Chapitre V. — La solution expérimentale du problème n'est pas, quoi qu'en dise M. Ribot, indifférente au point de vue métaphysique qui est celui de notre discussion du Kantisme. — Problème quant à l'espace ; trois théories physiologiques : nativisme, empirisme, théorie moyenne. — Les deux premières sont à rejeter. — Hypothèse de la projection. — Problème quant au temps. — L'intuition du temps est donnée simultanément avec celle de l'espace ; elles ont donc une même origine... 51

Chapitre VI. — Le processus fondamental suivant lequel l'esprit constitue ses représentations avec le double caractère de l'étendue et de la durée, est celui de l'unité multiple et de la multiplicité une. — Les deux moments de ce processus ne sont autre chose que l'analyse et la synthèse.......... 83

Chapitre VII. — Origine de ce double processus. — Ce n'est pas une loi gouvernant du dehors les phénomènes de l'esprit, c'est une loi inhérente à la pensée même. — Identité de l'esprit et de la pensée. — La pensée est une et multiple, parce que l'esprit est un et multiple, c'est-à-dire imparfait, et il ne saurait y avoir lieu de remonter au delà 98

Chapitre VIII. — La théorie précédente soulève une question grave : comment expliquer qu'une même pensée puisse donner lieu tout à la fois à l'intuition du temps et à celle de l'espace ? ou en d'autres termes : d'où vient l'intuition simultanée du moi et de l'univers ? — Ce que devient cette double intuition chez des esprits inférieurs et chez des esprits supérieurs à celui de l'homme.....·..................... 115

Chapitre IX. — Le problème des Catégories. — Les jugements de Catégories ne peuvent être que l'extension à la totalité des choses extérieures des attributs de l'esprit lui-même. — Comment l'esprit prend conscience de ses attributs, et comment il en applique les notions aux choses extérieures.

— Comment il nous est possible de dégager ces notions des jugements qui les contiennent pour les faire entrer dans la science. — De cette façon on donne à l'ontologie l'expérience pour base, mais la chose est nécessaire. — Le spontané dans l'intuition et dans la conception, dans la constitution de la représentation par la sensibilité, et dans celle de la connaissance par l'entendement, contient tout à la fois le secret de l'esprit et celui de l'univers 135

Chapitre X. — Le caractère principal de la doctrine qui vient d'être exposée, c'est le caractère d'idéalisme. — Discussion de l'idéalisme : il ne doit pas comporter la négation du monde extérieur. — Le nôtre remplit cette condition ; mais c'est une illusion de croire qu'il puisse exister des choses en soi en dehors de toute pensée et de toute représentation. 172

Conclusion.................................... 189

Note......... 207

www.ingramcontent.com/pod-product-compliance
Lightning Source LLC
Chambersburg PA
CBHW051902160426
43198CB00012B/1714